流れがわかる 幼稚園・保育所実習

～発達年齢、季節や場所に合った指導案を考えよう～

松本峰雄 監修

浅川繭子　鍛治礼子　才郷眞弓　田中 幸　堀 科

萌文書林
Houbunshorin

はじめに

　この度、幼稚園教諭・保育士資格取得に必要な必須科目である「教育実習」「保育実習」のテキストとして『流れがわかる幼稚園・保育所実習〜発達年齢、季節や場所に合った指導案を考えよう〜』を改訂することにしました。

　改訂の理由は、『幼稚園教育要領』（文部科学省）『保育所保育指針』（厚生労働省）『幼保連携型認定こども園教育・保育要領』（内閣府、文部科学省、厚生労働省）と『指定保育士養成施設の指定及び運営の基準について』の改定があったことが最大の要因です。

　幼稚園・保育所・施設いずれの実習も、学生が一番苦手とするのが指導案作成のようです。そこで本テキストを刊行するに当たっては、多くの学生が苦手とする指導案の作成をどのように理解し、どのように作成するかということに視点を置き、特徴をもたせました。

　一般に、学生が実習をする時期は、各養成校（大学・短期大学・専門学校）によって多少の違いはありますが、観察・参加実習は1年次の後期、指導実習は2年の前期が多いかと思いますが（4年制大学の場合はこれとは異なるとは思います）、学生の実習の時期・対象年齢・場所によって当然のことながら指導案は異なってきます。

　そこで本書は、実習先の子どもの発達年齢・季節や場所に合った指導案を中心とした内容で編集しました。

　当時、執筆して下さった先生方も学生時代に当然のことながら実習に行き、その後現場体験を踏まえて現在の各養成校等に勤務している等、学生時代の苦慮や現場体験中の学生受け入れで思ったこと、そして現在の養成校での学生への思い等がこのテキストには凝縮されています。

　執筆の先生方は、授業のない日曜日に何回も推敲を重ね話し合い、漸く出版することができました。萌文書林の服部直人社長をはじめ皆様が、編集会議が日曜日にも拘らず会議して下さり深く感謝しています。本テキストが、学生の実習に大いに役立つことを祈念しています。

　　　　　　　　　　　　　　　　　　　　　令和3年3月　松本峰雄

も く じ

はじめに iii

第1部　実習前に

1．実習とは 2

（1）実習の目的 2
　①実習の教育的意義 2
　②実習経験の効果とその活用の仕方 5

（2）免許・資格取得のための学外実習の位置づけ 6

（3）実習の段階 10
　①見学・観察実習のポイント 10
　②参加実習のポイント 10
　③責任実習（部分・全日）実習のポイント 11

2．実習の実際 14

（1）園での子どもの姿 14
　①環境によって異なる子どもの姿 14
　②法令上の子どもの数 15
　③年齢ごとの子どもの姿 15
　④子どもとの関わり方 15

（2）保育者の職務 18
　①保育者の1日 18
　②保育者としての倫理 21

（3）計画、実行、評価、修正サイクル 23
　①保育の計画について 23
　②PDCAサイクルの実際　フィードバックシステム 24

3．実習を充実した学びにするために 25

（1）心構え 25
　①健康管理と必要書類 25
　②実習目標（課題）の目的、設定の仕方 27

（2）オリエンテーション 29
　　　①オリエンテーションの意義 29
　　　②オリエンテーション実施の際の留意点 29
　　　③オリエンテーション報告書 33
　　　④オリエンテーションの生かし方 35

第2部　実習日誌とは

1．なぜ実習日誌を書くのか 40
　（1）記録の役割 41
　（2）考えながら記録しよう 41
　（3）指導に生きる記録にしよう 42

2．実習日誌を書くために……観察の視点と書き方 43
　（1）「事実」を捉えただけの日誌にしない 44
　（2）実習全体の大きなねらいを意識しながら、
　　　日々の実習に小さなねらいを持つ 46
　　　①観察→実習日誌作成への流れ 44
　　　②実習日誌の書式例と記入上の注意 46
　　　③子どもの生活の流れを捉える 51
　　　④子どもの姿を捉える 52
　　　⑤保育者の援助を捉える 53
　　　⑥保育環境を捉える 54
　　　⑦実習生の動き・気づき 58
　　　⑧エピソード記録 59
　　　⑨1日を振り返る 60

3．実習日誌の実際例 61

第3部　指導案とは

1．なぜ指導案を作成するのか 64
　（1）指導案を作成する目的 64
　（2）保育は計画的に行われている 64

2．指導計画の位置づけ　長期計画と短期計画 ……………………………… 66
（1）保育所保育指針・幼稚園教育要領・幼保連携型認定こども園教育・保育要領のねらいと園目標、全体的な計画・教育課程 ………… 66
（2）指導計画 …………………………………………………………………… 67
①長期指導計画 …………………………………………………………… 67
②短期指導計画 …………………………………………………………… 67

3．指導案作成のために ……………………………………………………… 69
（1）実習生の作成する指導案 ………………………………………………… 69
（2）指導案作成の前に（確認しておくこと） ……………………………… 69
①実習が始まる前に ……………………………………………………… 69
②実習が始まったら ……………………………………………………… 70
（3）指導案作成の流れ ………………………………………………………… 71
（4）指導案を作成する ………………………………………………………… 72
①子どもの姿 ……………………………………………………………… 72
②ねらいと内容 …………………………………………………………… 75
③予想される子どもの活動 ……………………………………………… 79
④環境構成 ………………………………………………………………… 80
⑤保育者の援助と留意点 ………………………………………………… 81
⑥「好きな遊び」の書き方 ……………………………………………… 82

4．部分実習指導案 …………………………………………………………… 84
（1）部分実習の概要 …………………………………………………………… 84
（2）部分実習で行われていることの参考例 ………………………………… 84
（3）部分実習指導案作成のポイント ………………………………………… 85
①1日の流れを考慮して、構成すること ……………………………… 85
②活動については、園の計画に適した内容を心がけること ………… 85

●年齢によるねらいの違い　降園時編 ……………………………………… 86
指導案例　部分実習指導案（3歳児・降園時・絵本） ……………………… 87
●年齢によるねらいの違い　製作編 ………………………………………… 89
指導案例　部分実習指導案（4歳児・製作活動・どんぐりマラカス） …… 90
●年齢によるねらいの違い　音楽編 ………………………………………… 92
指導案例　部分実習指導案（3歳児・音楽・歌「まつぼっくり」） ……… 93
●年齢によるねらいの違い　ゲーム編 ……………………………………… 95
指導案例　部分実習指導案（4歳児・しっぽ取りゲーム） ……………… 96

- ●年齢によるねらいの違い　リレー編 98
- 指導案例　部分実習指導案（5歳児・運動遊び・ボール運びリレー）........99
- ●年齢によるねらいの違い　異年齢の遊び編 101
- 指導案例　部分実習指導案（異年齢・葉っぱのこすり出し）.......................102
- ●年齢によるねらいの違い　食事編 104
- 指導案例　部分実習指導案（1歳児・食事時・給食）..........................105
- ●年齢によるねらいの違い　午睡準備編 107
- 指導案例　部分実習指導案（2歳児・午睡）......................................108

5．全日実習指導案 110

- （1）全日実習の概要.. 110
- （2）全日実習で行われていることの参考例 110
- （3）全日実習指導案作成のポイント 111
  - ①1日を通してバランスよく構成 111
  - ②活動と活動の合間を工夫 111
  - ③毎日の保育につながる配慮 111
- 指導案例　保育所実習指導案（0歳児）... 112
- 指導案例　保育所実習指導案（1歳児）... 117
- 指導案例　保育所実習指導案（2歳児）... 121
- 指導案例　保育所実習指導案（3歳児）... 126
- 指導案例　幼稚園実習指導案（3歳児）... 131
  - 雨天時　水遊びのない日 134
- 指導案例　幼稚園実習指導案（4歳児）... 135
- 指導案例　保育所実習指導案（5歳児）... 139
- 指導案例　幼稚園実習指導案（5歳児）... 143
  - 雨天時 146

6．部分実習、全日実習を振り返る 147

- （1）保育を振り返る 147
  - ①活動について 147
  - ②子どもたちの姿について 147
  - ③保育者の援助について 148
  - ④環境構成について 148
  - ⑤ねらいについて 149

（2）明日の保育へつなげる 149
　　　　①反省会を生かす 149
　　　　②今後の観察のポイントをつかむ 150
　　　　③再び立案する 150

第4部　実習を振り返る

1．なぜ実習を「振り返る」のか 152
2．実習に区切りをつける 153
　（1）実習記録をまとめる 153
　（2）実習園にお礼状を出す 153
3．実習を振り返る 155
　（1）実習を振り返る 155
　（2）「個々の実習体験」をグループで共有する 157
　（3）実習について、全体で共有する 157
4．実習を評価する 158
　（1）実習先による評価 158
　（2）自己評価 160
5．次の実習、その先の就職に向けて……
　　　「保育者」としての自分を見つめる 163
　（1）「保育者」として勤務する自分をイメージする 163
　（2）「子ども」を学ぶ 163
　（3）不足している知識や技術を身につける 164
　（4）自分自身の生活態度を見つめる 165

第1部
実習前に

1. 実習とは

（1）実習の目的

　いよいよ、実際の保育現場での実習の機会がやってきました。保育者としての学びを深める上で必要な理論的な勉強をしながら、早く子どもたちと遊びたいな、触れ合いたいななどと、思っていたことでしょう。

　皆さんはそれぞれの保育への思いをもって、保育を志していることでしょう。小さい頃からの憧れ、素敵な保育者との出会い、小さな子どものお世話が好きなど、いろいろなきっかけがあって保育の道を選んだことと思います。

　幼稚園教諭免許、保育士資格を取得するためには、国からの認定を受けた各教育機関で定められたカリキュラムに従い、専門家としての教育を受け、必要単位を修得することで得られます。こうしたカリキュラムの一環で、実践を総合的に学ぶ科目として「実習」が位置づけられています。

　例えば、養成校によって名称は様々ですが、「保育内容総論」や「保育内容」の各領域では、保育の具体的な内容や方法について学びます。また、子どもを理解するための科目としては「保育の心理学」、「幼児理解」などがあり、こうした各科目の学びを通して、子ども理解を深め、また保育内容や保育の本質の理解、保育技術の向上に努めてきたと思います。そうした理論的な様々な学びをベースに、総合的に実際の現場で保育を実践する実践的学習の場である、これが保育の現場で行われる科目としての「実習」の大きな目的となります。

①実習の教育的意義

　ではこうした実習には、どのような意義があるのでしょうか。具体的に考えていきます。

1）保育を体験する

はじめに、実際に実習を行った先輩方の声を聴いてみましょう。
- 子どもたちと実際に触れ合えて楽しかった
- 子どもは本当にかわいかった。
- 保育者になりたい思いが一層強くなった。
- 理想の先生に出会うことができた。
- 実習を通してなかなか自分の声が届かないことがわかった。
- 先生方の援助の意味が二回目にようやくみえてくるようになった。
- 子どもの発達は、教科書通りでないことが分かった。
- 頭で考えていることと、実際とは大きく違った
- 子どもの前に立つことは、思った以上に緊張した。

　実習を経験してきた先輩たちの話を聞くと、実際に子どもと触れて保育者になりたい思いが増した人もいます。一方で、楽しい思い出だけではない、保育の難しさに直面した人もいます。子どもたちはかわいいけれど、保育はそれだけでは成り立たないこと、また思い描いていた保育者の姿に自分がまだ到達していないことなどに向き合ったようです。しかし、こうしたことは、想像してわかることではなく、実際に経験したからこそわかることばかりです。

　経験とは、体で感じることを通して理解することをさします。つまり、実習経験とは実際に子どもの前に立つことで子どもの瞳を一身に集め、ドキドキする緊張感を体全体で味わうこと、またそうしながらも保育者として子どもたちに話しかけるという行為を経験することで、実際の保育者の行いというものを体を通して理解するのです。

　また、子どもたちは思いもよらない反応をすることがあります。そうした時に保育者はどのように対応されているのか、どのような言葉をかけているのかなど、保育者としてのあり方が間近に確認できます。こうした実践での学びは、身をもって体験を通してわかることから、体で得る「体得」という言葉が使われることもあります。

　このように、保育を学ぶ者にとっての実習とは実際に保育の現場で起きていることを目の前にし、子どもとの関わりや保育の構成のあり方など実際に保育に携わる保育者の指導を通して、保育を現実感をもって体験することにあり、そこに実習の意義があります。

2）乳幼児を理解する

　皆さんは子どものことをどのくらい知っていますか。改めて子どものことを知っているかと問われると、子どもってこういうもの、と答えることはなかなか難しいでしょう。子どもたちが毎日どのようなことをして過ごし、またどのように世界を理解し、そしてどのように感じているのか、こうした子どもの実際は、やはり観て触れてみることで知ることができます。

　子どもの育ちという点ではそれまでの学習で、例えば年齢ごとの発達の様子などで平均的な子どもの姿を学びましたが、実際の子どもの成長・発達には環境からの影響も大きく、個人差があり、育ちのプロセスは子どもによって異なります。

　また、子ども期の大きな特徴として、年齢、月齢によって生活のあり方が異なる点があります。例えば乳児は、その育ちに個人差があることに加え、月齢に合わせて授乳の量や離乳食の段階があるなど、幼児クラスとは食事の内容が異なります。そのため、個々の配慮がとくに必要です。基本的な生活習慣という点でも、排泄や着替え、清潔の意識など、年齢や生活経験によって自分でできる範囲が異なり、子どもの月齢や年齢の育ちに合わせた生活を展開する必要があるのです。

　さらにはクラス単位で捉えた場合、例えば同じ3歳児クラスの子どもたちでも、4月生まれと1月2月生まれの子どもとでは発達のステップが異なり、そこに個人差が加わることにより、同じ3歳といっても様々な姿があります。

　このように、実際に子どもが息づいている姿から、子どもの生活や育ちが一人ひとりによって異なること、さらに、保育者や子どもたちなど多くの人と触れ合える場でみられる成長の姿など、乳幼児に対する理解を深めることができるのも実習の重要な学びであるといえるでしょう。

3）社会人・職業人としての態度と責任を学ぶ

　実習先の先生方は皆さんをどのように受け止めておられると思いますか。実習は学生として、保育者になるために学びに出向く場ではありますが、先生方は皆さんを社会人とみなし、保育を担う職業人としての責任ある態度を求めています。実習生に期待する姿として、次のようなことが求められます。

- 健康で明るく、生き生きとしていること
- 素直であること

- あいさつなど積極的に人と関わろうとすること
- 社会的なマナーを守り、礼儀正しく振る舞えること
- 明確な目的をもって実習に臨(のぞ)んでいること
- 責任感のある行動が取れること

　もちろん、保育を学ぶ者としての専門的な知識は必要ですが、まずは社会人としての常識的な振る舞いが求められていることがわかるでしょう。

　こうした姿が求められるのは、これら一つひとつの態度が実は保育者としての専門性に直接的に関係するからです。例えば、人に対するあいさつなどの礼儀は、単にあいさつをするという行為に意味があるのではなく、良好な人間関係をつくるために必要な行いとなります。保育現場は園長を含む同僚だけでなく、保護者、保育を取り巻く業者の方々などたくさんの人により営まれており、こうした人々に支えていただき、また時には支え、互いに助け合いながら保育は行われています。周りの人々との信頼関係を築く一歩は、こうしたあいさつから始まるのです。

　また、責任という点では、皆さんは保育の一部に参加し実習を行うわけですから、関わっている子どもたちの安全を第一に考えなくてはなりません。こうした子どもに対する責任感は、現職の先生方と同じようにもっていなくてはならない心構えの一つです。ほかにも遅刻をしない、報告・連絡・相談を怠らないなどの態度は、子どもの命を預かる保育者として責任感ある行動をとるためのトレーニングになります。

　また現場の先生方は、皆さんを受け入れるために保育計画を見直したり、実習指導の時間をもったりするなど、保育を学ぶ学生にふさわしい保育の場を提供するために努めてくださっています。毎日の多忙な保育の中、先生方が実習を引き受けてくださっているのは、後に続く保育者を育てたい、よい経験をして保育職に就いて欲しいと思うご厚意があるからです。保育の場は実習生のためのものではなく、子どもが生活する場であることを改めて思い直し、先生方への感謝の気持ちをもって、責任感ある態度で実習に臨んでほしいと思います。

②実習経験の効果とその活用の仕方

　実習は必要な実習時間数をもとに、各学校のカリキュラムで定められた時期に実習が行われます。しかし、実習はその期間だけの取

り組みをさすのではなく、まず事前の準備があり、実習を経て反省、振り返りをして自分を高め、また次の実習、反省というように、実習期間を取り巻く実習前後を含めての全てを総合してはじめて、実習が意味あるものとなります。実習とは、こうしたサイクルを経てステップアップし、積み重ねを通して教育・保育職への着任と進んでいくプロセスの一部です。

図表 1-1　実習ステップ図示

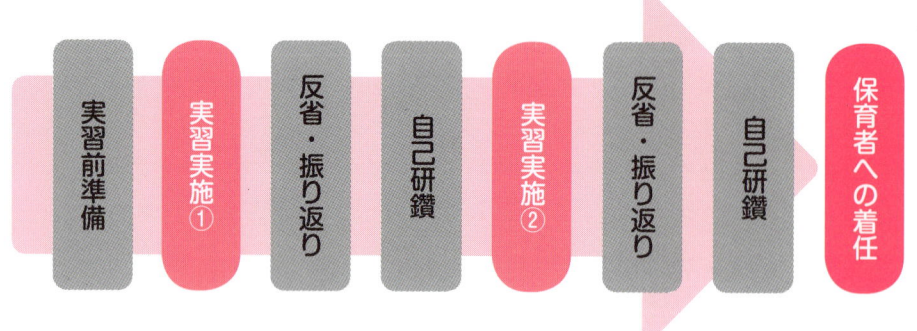

実習前準備 → 実習実施① → 反省・振り返り → 自己研鑽 → 実習実施② → 反省・振り返り → 自己研鑽 → 保育者への着任

　実習を経験すると、これまで以上に授業に身が入る学生も多くいます。実習では実際の子どもの姿、子どもに対する保育者の言葉かけ、環境構成、さらには保育の計画と実践など、モデルとなる先生方の保育実践を体験することができます。また自分自身で実践を経験することで、保育者になるための課題もみえてきます。実習で保育現場が具体的にイメージできるようになることで、それまでの授業では漠然と思い描いていた子どもの姿や保育が、実習後には生き生きとした色彩を帯びてくるのでしょう。

　実習がこのように意味あるものになるためには、事前の準備、心構えが大切です。そして実習経験を丁寧に振り返り、そこに意味づけをしていくことで具体的な力になっていきます。このように実習経験はその時だけのものではなく、その前から始まっており、その後につながっていく一連の学びなのです。

（2）免許・資格取得のための学外実習の位置づけ

　ここで改めて、実習の位置づけについて確認しましょう。

　幼稚園での実習と保育所での実習は、幼稚園と保育所の管轄省庁が異なることと同様に免許・資格の区分も異なります。幼稚園の先生になるためには、幼稚園教諭免許が必要です。そのための実習は、幼稚園で行われます。

保育所で職員として勤めるためには、保育士資格が必要です。そのための実習は、保育所、児童福祉施設などで行われます。これらの実習先は、各学校の実習協力園など、その他各学校の配属基準によって決まります。

　幼稚園実習の日数、保育所実習の時間数については各実習基準に基づいており、さらに具体的な実施の方法は、皆さんが所属する学校のカリキュラムによって異なります。各実習基準は次の図表1-2で確認しましょう。また、実習の対象となる幼稚園、保育所、認定こども園の概要を図表1-3、図表1-4にまとめましたので、復習を兼ねて確認しておきましょう。

図表1-2　幼稚園実習、保育実習の実習概要

種別	実 習 名 称		実習施設	単位数	期　　間
幼稚園実習（5単位）*1	初等教育実習（幼稚園）Ⅰ	必修	幼稚園	4単位	30〜45時間までの範囲で1単位*2 総時間数120時間〜180時間
	初等教育実習（幼稚園）Ⅱ	必修	幼稚園		
	幼稚園実習指導	必修		1単位	各学校のカリキュラムによる
保育実習（9単位）*3	保育実習Ⅰ	必修	保育所	2単位	おおむね10日間*4
		必修	保育所以外の児童福祉施設など	2単位	おおむね10日間
	保育実習指導Ⅰ	必修		2単位	各学校のカリキュラムによる
	保育実習Ⅱ	選択必修	保育所	2単位	おおむね10日間
	保育実習Ⅲ	選択必修	児童厚生施設または児童福祉施設など	2単位	
	保育実習指導ⅡまたはⅢ	選択必修		1単位	各学校のカリキュラムによる

※1　教育職員免許法施行規則　第6条備考8
※2　大学設置基準第21条2項
※3　指定保育士養成施設の指定及び運営の基準について　別紙2　保育実習基準　第2（平成30年4月27日改正）
※4　1単位の換算は大学設置基準によるため、1単位につき30〜45時間（各学校の基準による）の実習を実施することが必要であること、また労働基準法により一日の労働時間は8時間以内であること等から、実際には多くの養成校で90時間12日間（2単位）行われている。

図表1-3 幼稚園・保育所の概要

	幼稚園	保育所
免許・資格の区分	幼稚園教諭　二種 　　　　　　一種 　　　　　　専修	保育士資格
所轄官庁	文部科学省	厚生労働省
関連法規	教育基本法 学校教育法ほか	児童福祉法ほか
目的	幼稚園は、義務教育及びその後の教育の基礎を培うものとして、幼児を保育し、幼児の健やかな成長のために適当な環境を与えて、その心身の発達を助長することを目的とする。（学校教育法第22条）	保育所は、保育を必要とする乳児・幼児を日々保護者の下から通わせて保育を行うことを目的とする施設（利用定員が二十人以上であるものに限り、幼保連携型認定こども園を除く。）とする。 　2　保育所は、前項の規定にかかわらず、特に必要があるときは、保育を必要とするその他の児童を日々保護者の下から通わせて保育することができる。（児童福祉法第39条）
教育 保育の内容	幼稚園教育要領に基づく	保育所保育指針に基づく
対象児	満3歳～就学前の幼児（学校教育法第26条）	0歳～就学前の幼児（児童福祉法第39条、第4条）
時間	**1日の教育時間は4時間**を標準とする。また、毎学年の教育週数は、39週を下ってはならない。 （幼稚園教育要領第一章総則第2の2、3）	保育所における保育時間は、一日につき**8時間**を原則とし、その地方における乳幼児の保護者の労働時間その他家庭の状況等を考慮して、保育所の長がこれを定める。 （児童福祉施設の設備及び運営に関する基準第34条）
保育者1人あたりの子どもの数	35：1 （幼稚園設置基準第3条、第5条）	3：1（0歳児） 6：1（1・2歳児） 20：1（3歳児） 30：1（4・5歳児） （児童福祉施設の設備及び運営に関する基準第33条）
保育室等の設置基準	職員室 保育室 遊戯室 保健室 便所 飲料水用設備、手洗用設備、足洗用設備 （幼稚園設置基準第9条）	乳児：乳児室（1.65㎡／人）又はほふく室（3.3㎡／人） 　　　医務室　調理室　便所 幼児：保育室又は遊戯室（1.98㎡／人） 　　　屋外遊戯場（3.3㎡／人） 　　　調理室　便所 （児童福祉施設の設備及び運営に関する基準第32条）
職員	園長 （副園長、教頭） 教諭等（主幹教諭、指導教諭、教諭） （養護をつかさどる主幹教諭、養護教諭又は養護助教諭）＊ 事務職員＊（＊は努力） （幼稚園設置基準第5条、第6条）	保育士 嘱託医 調理員 （児童福祉施設の設備及び運営に関する基準第33条）

図表1-4　認定こども園の概要

	認定こども園
免許・資格の区分	保育教諭＝幼稚園教諭免許・保育士資格両方を持つ者 ただしいずれかの場合にはつぎのような区分となる 0～2歳児：保育士資格保有者 3～5歳児：幼稚園教諭免許保有者
所轄官庁	内閣府、文部科学省、厚生労働省
関連法規	就学前の子どもに関する教育、保育等の総合的な提供の推進に関する法律（略称：認定こども園法）
目的	（1）就学前の子どもに幼児教育・保育を提供する機能（保護者が働いている、いないにかかわらず受け入れて、教育・保育を一体的に行う機能） （2）地域における子育て支援を行う機能（すべての子育て家庭を対象に、子育て不安に対応した相談活動や、親子の集いの場の提供などを行う機能） を備える施設で、都道府県知事が「認定こども園」として認定した施設 （認定こども園法第2条第7項）
教育保育の内容	幼保連携型認定こども園教育・保育要領に基づく
対象児	0歳～就学前の幼児（認定こども園法第11条、第2条）
時間	教育課程に係る教育時間は4時間 保育を必要とする子どもに該当する園児に対する教育及び保育の時間（満3歳以上の保育を必要とする子どもに該当する園児については、その教育課程に係る教育時間4時間含む）は、1日につき8時間が原則。 （幼保連携型認定こども園教育・保育要領第1章第2の1（3）ウ、エ）
保育者1人あたりの子どもの数	教育は幼稚園、保育は保育所に準ずる（幼保連携型認定こども園の学級の編制、職員、設備及び運営に関する基準第4条、第5条）
保育室等の設置基準	職員室 乳児室又はほふく室 保育室 遊戯室 保健室 調理室（＊備えないことが出来る場合あり） 便所 飲料水用設備、手洗用設備及び足洗用設備 （幼保連携型認定こども園の学級の編制、職員、設備及び運営に関する基準第6条、第7条）
職員	園長、副園長、教頭、主幹保育教諭、指導保育教諭、主幹養護教諭、養護教諭、主幹栄養教諭、栄養教諭、事務職員、養護助教諭その他必要な職員 （認定こども園法第14条）
認定こども園の4つの類型＊2	**幼保連携型**：幼稚園機能と保育所機能の両方の機能を併せ持つ単一の施設 **幼稚園型**：認可幼稚園が保育を必要とする子どものための保育時間を確保するなど、保育所的な機能を備える **保育所型**：認可保育所が、保育を必要とする子ども以外の子どもも受け入れるなど、幼稚園的な機能を備える **地方裁量型**：幼稚園・保育所いずれの認可もない地域の教育・保育施設が認定こども園として必要な機能を備える

＊2　認定こども園での実習については、タイプによって実習先として認められるかどうかが異なります。各学校の基準に従ってください。

（3）実習の段階

　実習で学ぶ際の保育への入り方は、どの段階の実習なのかによって異なります。一般的には、「①見学・観察実習」では保育の観察をし、「②参加実習」ではクラスの活動の中に入り保育補助を経験し、「③責任実習」で保育の1日を構成するというように、ステップアップしていきます。以下に、それぞれの実習のポイントをまとめました。

①見学・観察実習のポイント

　見学・観察実習とは、幼稚園・保育所の現場を実際に「観て」観察することにより学ぶ実習形態です。

　観て学ぶには、視点を定めて観ることが大切です。保育の現場は、実に様々なことが展開されています。実習前半は、全体的に保育の現場の様子を捉えるために視点を広げることも必要ですが、視点を定めて観ると、一見異なる活動のようにみえる事柄にもつながりがみえてきます。

　具体的には特に次の事柄に注目するとよいでしょう。

- 幼稚園、保育所の1日の生活
- 年齢ごとの子どもの姿（子どもたちの遊び　生活　育ちなど）
- 保育者の姿（子どもへの関わり方　言葉かけ　保育の展開の仕方など）
- 保育内容や保育方法、保育形態
- 保育者の職務
- 保育室の環境構成
- 他の職員との連携
- 保護者への対応

　なお、見学・観察中は、子どもたちの動きや保育を妨げることがないように配慮します。とはいえ、子どもに話しかけられたら応じるなど、柔軟な対応はあってもよいでしょう。メモの取り方、観察中の立ち位置については、園の先生にあらかじめ確認しておきましょう。

②参加実習のポイント

　参加実習とは、保育の活動に実際に参加することにより学ぶ実習形態です。

　例えば、保育が行われている時に先生の補助として活動の援助をする、

または絵本の読み聞かせや手遊びなどを実際に子どもの前に立って行うなど、参加実習の実施方法は園や園長、配属クラスの先生の考え方によって異なります。

参加実習では、積極的に取り組むことが求められます。具体的には、保育者がクラス全体に話しかけている時には、子どもたちの中に入り、子どもが保育者に注目できるような促しをしたり、また、活動などの時には子どもが関心をもち、取り組みの励みになるような言葉かけをしたりするなどの工夫を試みます。また絵本の読み聞かせ、手遊びなどを実際に演じてみることで、声の大きさや子どもの反応など、保育者として必要なスキルアップのポイントがみえてきます。

具体的に次の点を心がけてみましょう。

- 集団として、個としての子どもの動きに注目し、必要な援助を考える。
- 保育の展開について、保育者の補助的役割を通して学ぶ。
- 保育の流れを止めないように、臨機応変な態度を心がける。

自分自身も実際に保育活動を担う立場になりますので、事前に配属クラスのデイリープログラムやその日のタイムスケジュールなどをよく把握しておくことが必要です。また、実習生として、どの程度参加してよいか、必要な保育の補助にはどのようなものがあるのかについては、常に配属先の先生に確認をしながら取り組みましょう。

実習のステップとしては、観察実習を経て参加実習という流れが一般的ですが、実習初日から参加実習という形態をとる園もあります。どのような指示があってもいいように、心構えをしておきましょう。

③責任実習（部分・全日）実習のポイント

責任実習とは、1日の全て（全日）、あるいは1日のある部分の保育を構成し、実践する実習形態をさします。全日、部分に関わらず、実習指導案を作成して活動内容と活動の展開を考え、担当保育者と相談しながら実践します。

この時は、皆さんがクラスの子どもたちの先生となり、保育の活動を行います。その際にはクラスの担当保育者は補助にまわり、また皆さんの保

育者としての振る舞いや保育の構成、展開の仕方を観て、指導ならびに助言をしてください。

全日の責任実習では、配属クラスの1日、朝の出迎えから送り出すことまでの保育を1人で構成し、実践します。

部分の責任実習では、1日の活動のうち、ある部分を担当します。多くは、主な活動と呼ばれるその日のメインとなる活動を担当します。造形活動や音楽活動、運動やゲーム、また絵本の読み聞かせなどを担うことが多いでしょう。

具体的には次の点に留意して実施しましょう。
- 子どもたちの育ち（遊びや生活の流れ）をあらかじめ観察し、それらを想定しながら指導案を作成する。
- 指導案に基づき実践し、実践後に保育者としての自己課題を明確にする。

責任実習では、いわば「1日先生」として、子どもたちの保育を行います。そのため重要なのは、担当保育者との事前打ち合わせです。事前に担当保育者と活動内容を一つひとつ相談して決めていきます。こうしたやり取りは主に指導案を介して行われますので、何度も指導案の修正が入った上で本番に至ることもあります。指導案作成の期日が決まっているのであれば、締め切りをしっかりと守ること、またご指摘いただいたことは素直に受け止め、改善できることはすぐに改められるよう努めることが大切です。

責任実習当日は、緊張してしまうと思いますが、思い切りのよさも必要です。子どもたちは皆さんを「先生」として信頼して見つめていますから、その信頼に応えられるよう、気後れしすぎずに堂々と、一人ひとりに話しかける気持ちで挑んでください。

なお指導案については、後に詳しく述べていますので、併せて確認してください。

保育実習では、厚生労働省によるカリキュラムで保育実習Ⅰと保育実習Ⅱにおける実習目標が定められています。別表を確認して実習に臨みましょう。

図表1-5 保育実習の実習目標

	目 標	内 容
保育実習Ⅰ	1．保育所、児童福祉施設等の役割や機能を具体的に理解する。	1．保育所の役割と機能 (1) 保育所における子どもの生活と保育士の援助や関わり (2) 保育所保育指針に基く保育の展開
	2．観察や子どもとの関わりを通して子どもへの理解を深める。	2．子ども理解 (1) 子どもの観察とその記録による理解 (2) 子どもの発達過程の理解 (3) 子どもへの援助や関わり
	3．既習の教科の内容を踏まえ、子どもの保育及び保護者への支援について総合的に理解する。	3．保育内容・保育環境 (1) 保育の計画に基づく保育内容 (2) 子どもの発達過程に応じた保育内容 (3) 子どもの生活や遊びと保育環境 (4) 子どもの健康と安全
	4．保育の計画、観察、記録及び自己評価等について具体的に理解する。	4．保育の計画・観察・記録 (1) 全体的な計画と指導計画及び評価の理解 (2) 記録に基づく省察・自己評価
	5．保育士の業務内容や職業倫理について具体的に理解する。	5．専門職としての保育士の役割と職業倫理 (1) 保育士の業務内容 (2) 職員間の役割分担や連携・協働 (3) 保育士の役割と職業倫理
保育実習Ⅱ	1．保育所の役割や機能について、具体的な実践を通して理解を深める。	1．保育所の役割や機能の具体的展開 (1) 養護と教育が一体となって行われる保育 (2) 保育所の社会的役割と責任
	2．子どもの観察や関わりの視点を明確にすることを通して、保育の理解を深める。	2．観察に基づく保育の理解 (1) 子どもの心身の状態や活動の観察 (2) 保育士等の援助や関わり (3) 保育所の生活の流れや展開の把握
	3．既習の教科目や保育実習Ⅰの経験を踏まえ、子どもの保育及び子育て支援について総合的に理解する。	3．子どもの保育及び保護者・家庭への支援と地域社会等との連携 (1) 環境を通して行う保育、生活や遊びを通して総合的に行う保育 (2) 入所している子どもの保護者に対する子育て支援及び地域の保護者等に対する子育て支援 (3) 関係機関や地域社会との連携
	4．保育の計画・実践・観察・記録及び自己評価等について、実際に取り組み、理解を深める。	4．指導計画の作成・実践・観察・記録・評価 (1) 全体的な計画に基づく指導計画の作成・実践・省察・評価と保育の過程の理解 (2) 作成した指導計画に基づく保育の実践と評価
	5．保育士の業務内容や職業倫理について、具体的な実践に結びつけて理解する。	5．保育士の業務と職業倫理 (1) 多様な保育の展開と保育士の業務 (2) 多様な保育の展開と保育士の職業倫理
	6．実習における自己の課題を明確化する。	6．自己の課題の明確化

指定保育士養成施設の指定及び運営の基準について「教科目の教授内容」「保育実習Ⅰ、Ⅱ」（平成30年4月27日改正）より堀作表

2．実習の実際

（1）園での子どもの姿

①環境によって異なる子どもの姿

　幼稚園、保育所には多くの子どもたちが生活しています。保育の営みに対して「生活」という言葉が用いられる背景には、子どもたちの日常が家庭との連続性の上に園で営まれているということがあります。こうした生活の実際は、園や種別、また規模、子どもの年齢や月齢といった発達などによって違いがあります。

　幼稚園、保育所はその機能の違いによりそれぞれの保育時間が異なっており、幼稚園の基準は４時間、保育所は８時間です。そのため、１日の生活の流れや活動内容は幼稚園と保育所で大きく異なります。18～20ページにそれぞれのデイリープログラムを掲載していますので、確認しておきましょう。

　また園の規模は様々で、400人規模の幼稚園もあれば、30人ほどの保育所もあり、こうした規模によっても子どもの生活の姿が異なります。保育所の中でも、０歳から６歳まで幅広い年齢層の子どもがいる園もあれば、１歳からの園、また０歳から２歳までの子どものみの園もあり、生活している子どもの年齢によって生活そのものが変わります。

　さらに近年、特別支援教育の充実が進められ、多くの幼稚園や保育所で障害のある子どもを受け入れるようになりました。子どもの状態によっては、担任とは別に加配の保育者が配置されることもあります。また、保育所に発達支援センターが設置されている場合もあります。さらに、障害認定はなくともグレーゾーンの子どもの増加も指摘されており、こうした子どもたちと、いわゆる健常の子どもが生活を共にする際の保育にも様々な配慮がなされています。

　実習では、実習生が障害のある子どものお世話を任されることもあります。個々の障害に関する知識についてもテキストなどで復習しておきましょう。

②法令上の子どもの数

　園生活はクラス単位で構成されており、各クラスに担任がおかれています。担任は、種別により1人で受け持つ子どもの数が定められています。

　図表1-3の幼稚園・保育所の概要に、「保育者1人あたりの子どもの数」を載せていますので、確認しておきましょう。

③年齢ごとの子どもの姿

　幼稚園には、3歳から6歳、また保育所には0歳から6歳までの子どもたちが生活しています。乳幼児期は、年齢また月齢による発達の姿に大きな違いがあります。また、同じ年齢、月齢といっても育ちのプロセスは子どもによって異なりますが、平均的な道筋を知っておくことは、子どもを理解する手がかりになります。実習に赴く前に、それぞれの年齢、月齢にある子どもの姿をテキストなどで復習しておきましょう。

　保育は子どもの育ちの姿をもとに、それぞれの年齢、月齢に適した活動で構成されています。また多くの園では、年齢ごとにクラスが編成されていますが、保育方針により、異年齢や、グループなどで構成されている園もあります。これらは、各園の保育方針によって異なりますので、事前によく確認しておきましょう。

　次の図表1-6には、年齢ごとの子どもの姿とそれらに応じた保育内容の例を一覧にまとめていますので参考にしてください。

④子どもとの関わり方

　実習を経験した先輩たちの声でよく聞かれるのが、「子どもとどのように関わったらよいのかわからない」というものです。事前学習で発達段階など子どもの姿を理解しているつもりでいても、子どもを目の前にすると関わり方がわからず動けなくなってしまったり、また、実習生として先生らしい言葉がけを意識するあまり、かえって言葉が出ないということもあるようです。

　実際に子どもと触れ合うことから、子どもをより深く理解することができる点も実習の目的の一つです。

　子どもとの関わり方は、年齢ごとにそのポイントが異なります。3歳未満児は、主に生活のお世話や子どもの活動に寄り添った関わり方が求めら

図表1-6 子どもの発達と保育内容

クラス	分類	年齢	発達の様子	保育内容と留意点
0歳児クラス	3歳未満（保育所）	0・1歳児	原始反射が消え、随意運動が見られるようになる。長座、腹這いからはいはい、つかまり立ち、一人歩きなどの運動面、また泣きの分化から喃語、初語、一語文などの知的な面、母乳・ミルクから離乳食への移行など生活面において、発達の著しい変化がみられる時期である。 感染症や乳児特有の病気にかかりやすく、また体調が変化しやすい時期でもある。	**保育者1人：子ども3人** 発育と発達に月齢差が大きいため、低・中・高月齢児の3グループに分けて担当制保育を行うことが多い。また、生活リズムや体調に個人差が大きく見られることや集団での活動は難しいため、設定保育は用いず、個々の育ちに併せた保育内容となる。 歩行や言葉の著しい発達を受け止め、安心した保育環境のもと人との信頼関係の基盤を作ることができるよう心がける。
1歳児クラス		1・2歳児	指差し行動がみられ、一語文から二語文がみられるようになるなど、表現の幅が広がる。特定の大人との関わりにより、情緒的な絆が結ばれる時期でもある。大人の言葉は広く理解するようになる。「やってみたい」気持ちが増えるなど自我の芽生えがみられる。 「ふり」遊びがみられるようになり、道具を使った遊びや砂遊びなどを好むようになる。 離乳食から幼児食へ徐々に移行し、スプーンやフォークなどを使い始める。	**保育者1人：子ども6人** 引き続き月齢差に考慮し、低・高月齢児の2グループに分けた編成を行うことが多い。育ちに個人差がみられる時期ではあるが、徐々に生活リズムが一定となってくる。 自我の芽生えがみられるため、着替えや排泄等の援助は子どもの思いを見極めつつ適切に手を差し伸べる。 10分から15分程度の設定保育も時期によっては可能になる。
2歳児クラス		2・3歳児	二語文から三語文などの複語文がみられるようになり、語彙数が急増する。歩行が安定し、階段を両足交互に昇り降りするなども可能になる。 「みたて」遊びがみられるようになり、イメージが豊かになる。手指の運動が発達し、はさみ、積木やブロックなどを使って目的のある物をつくり始める。 自我が拡大し、自己主張がみられるようになる。 衣服の着脱、食事、排泄など身の回りのことは自分でできるようになる。	**保育者1人：子ども3人** 集団での生活にも慣れ、生活リズムが一定となるため、クラス単位の活動が可能になる。基本的生活習慣の確立を目指し、自分でできることを徐々に増やしていく。 時期にもよるが、20分程度の設定保育が可能になる。はさみや糊など道具に適した使い方が理解できるようになり、リズム遊びや歌に親しみ始めるため、造形や音楽活動なども取り入れ始める。
3歳児クラス	年少	3・4歳児	手足や指など全身の基本的な運動機能が伸び、それに伴い、基本的生活習慣もほぼ自立できるようになる。話し言葉の基礎ができ、積極的に知的な質問などをする姿もみられる。 友達への関心が深まり、関わりも増えてくるが、各々の思いで遊びを展開する平行遊びであることが多い。 物語の展開が理解できるようになり、絵本は徐々にストーリー性のあるものも好むようになる。	**保育者1人：子ども35人（幼稚園）** **保育者1人：子ども20人（保育所）** 幼稚園の場合は、集団生活を初めて経験する子どもが多く、また保育所では子どもに対する保育者の数が減り、集団での活動が増えるため、年度当初は生活リズムへの慣れや整えることに保育計画の重点が置かれる。 20分から30分程度の目的をもった取り組みができるようになるため、テーマのある活動が可能になる。
4歳児クラス	年中	4・5歳児	全身のバランスを取る能力が発達し、体の動きが巧みになる。想像力が豊かになり、目的をもって描いたり、試したりするようになる。 友達との関わりが増え、子どもだけで遊びを展開する場面も増える。 感情が豊かになり、他者の気持ちをわかろうとしたり、自分の気持ちを抑えたりするなど、心の調整が可能になってくる。	**保育者1人：子ども35人（幼稚園）** **保育者1人：子ども30人（保育所）** 園での生活や集団生活に慣れ親しみ、比較的安定した活動が展開できる。目的に応じた役割や場にふさわしい行動が理解できるようになるため、係活動などの取り組みがある。 道具を巧みに使って、テーマのある絵を描くことができるようになり、また音感も発達してくることから、歌を歌うなど音楽活動、全身をつかった運動なども保育の要となってくる。 30分から40分程度の集中した活動が可能になる。
5歳児クラス	年長	5・6歳児	基本的生活習慣が身につき、運動機能が伸び、喜んで運動に取り組む姿がみられる。 子ども同士での遊びが増え、仲間意識が芽生える時期でもある。積極的に遊びを楽しみ、発展させようと工夫する姿がみられる。自分たちで決まりを作るなどしてルールのある遊びや役割のあるごっこ遊び、協同あそびがみられるようになる。 場面に応じて自分なりに考えて適切な行動をしようとする。仲間への批判も出てくるが、相手の気持ちを理解できるようになるため、話し合いをするなど知的な能力が育っている。	**保育者1人：子ども35人（幼稚園）** **保育者1人：子ども30人（保育所）** 園での生活や集団生活に慣れ親しみ、比較的安定した活動が展開できる。目的に応じた役割や場にふさわしい行動が理解できるようになるため、係活動などの取り組みがある。 道具を巧みに使って、テーマのある絵を描くことができるようになり、また音感も発達してくることから、歌を歌うなど音楽活動、全身をつかった運動なども保育の要となってくる。 30分から40分程度の集中した活動が可能になる。

※『すてきな保育者になるために』（大学図書出版、2013）、保育所保育指針（厚生労働省、2008）をもとに堀が作表

れます。3歳以上児は、子どもに寄り添いつつ、時に遊びのリーダーになり遊びを提案したり、また展開させることなどが求められます。

子どもたちは、実習生のお姉さんお兄さんが大好きで遊んでほしいと思っています。その気持ちを汲み取り、ぜひ子どもたちの中に飛び込んでください。図表1-7にクラス、年齢ごとに育ちの様子をもとにした関わりのポイントをまとめましたので、参考にしてください。

図表 1-7　子どもと関わるポイント

クラス	年齢	実習生として子どもと関わるポイント（例）
ク0歳児ラス	0歳〜1歳	月齢差を意識し、関わろう。 乳児保育や子どもの保健などの授業で学ぶ、授乳、着替えなどの保育技術、とくにオムツ交換は紙・布、またはパンツタイプともにマスターしておこう。 抱っこなども怖がらず、積極的に子どもと触れ合おう。「おいしいね」「あんよだね」など子どもの行為に対して言葉を添えるなど、意識的に言葉をかけよう。人見知りが始まる時期で泣かれてしまうこともあるが、その大事な時期だと理解し、笑顔で接することを心がけよう。 姿勢が不安定な時期なので、ふいの怪我や事故など安全管理に気をつけよう。
ク1歳児ラス	1歳〜2歳	発達や生活面の育ちに子ども個人や月齢差が大きいことから、それぞれの状態に合わせた援助を心がけよう。 簡単で子どもたちの生活に親しみ深い手遊びを用意しておくとよい。 砂遊びなどでは見守るだけでなく、「お団子おいしそうね」「いただきます」「どうぞ」など、後のごっこ遊びにつなげられるような言葉がけをしてみよう。 かみつきなどのトラブルがみられたら、怪我を防ぎ、近くの保育者に声をかけるなどして安全に努めよう。 食事場面では、子どもの育ちを見極めつつ、必要に応じて援助をするなど心がけよう。
ク2歳児ラス	2歳〜3歳	まだまだ月齢による差はみられるが、途中入園児を除くと、多くの子どもたちは保育所等での生活にも慣れ、安定した生活の様子がみられる。実習生に対しても、人見知りをすることなく、子どもたちから声をかけてくれるようになるだろう。 大人との簡単なごっこ遊びを好む時期でもあるので、積極的に遊びのやり取りへ加わろう。 自我の拡大とともに甘えがみられる時期でもあるため、実習生なら手伝ってくれると着替え等を「やって」と言うことがあっても、できるだけ自分で取り組むよう促そう。
ク3歳児ラス	3歳〜4歳	幼稚園と保育所、また保育歴などによっても子どもの姿が異なるため、発達段階のほかに子ども一人ひとりの集団生活への適応状況についても考慮する必要がある。そのため、担当クラスの子どもの姿を事前によく捉えた上で関わることが求められる。 遊びでは、友達と関わりつつ、大人への援助を求める時期でもあるので、見守りながら遊びへ加わったり、遊びが広がるような言葉かけをしてみたりするなど、心がけよう。
ク4歳児ラス	4歳〜5歳	遊びがダイナミックになってくるため、積極的に子どもの遊びへ加わろう。鬼ごっこなどの簡単なルールのある遊び、スーパーヒーローやお姫様が登場するごっこ遊びなど、遊びの幅もぐんと広がるので、予めどのような遊びが好まれているかを観察しておこう。 子ども同士のトラブルには、まずは自分たちで話し合うような言葉かけを試みよう。 物語に親しみが深まる時期なので、絵本や紙芝居だけでなく、パネルシアターやエプロンシアターなど、自作の文化財を用いて子どもたちがお話の世界により親しんでもらえるよう、準備をしておくとよい。
ク5歳児ラス	5歳〜6歳	サッカーやかけっこ、ルールのある遊びなど、身体全身を使った遊びが展開される時期である。ルールのある遊びも、複雑なルールを理解したり、基礎をもとにして自分たち独自の遊びを展開したりする。実習に出かける前に、改めてドロケイなどのルールを予習しておくようにしよう。また、遊びが単純にならないよう、異なるバージョンを考えておくなど、工夫しておくとよい。 子ども同士のトラブルには、どのような解決に導くかを見守ることも必要。 責任実習などでは、子どもの想像力を生かした取り組みができるような内容、促しを工夫しよう。

※『すてきな保育者になるために』（大学図書出版、2013）をもとに堀が作表

（2）保育者の職務

①保育者の1日

　実習は、保育に携わる保育者の1日を知り、職業イメージをもつための学びの機会にもなります。保育者の職務は実に多岐にわたります。子どもの保育が第一の職務ですが、保育を実践するための準備、教材研究、環境構成、研修、また園運営に関わる職員会議、保護者への対応などがあり、これらの多くは保育時間内に並行して行われています。

　このうち、保護者との連携は大切な職務の一つです。特に保育所の低年齢児の場合は、在所時間だけではなく1日24時間の生活を見越して支えていくことが大切です。また、幼児の場合も心身の育ちを共に支えていくために、家庭や園でのそれぞれの様子を互いに共有する必要があります。保護者との連携は、連絡帳の記入や朝夕の受け入れ、受け渡しの時などに行われています。実習は、そうした保護者の対応のあり方を学ぶ機会になります。

　こうした保育活動以外の保育者の職務内容には、どのようなものがあり、いつどのように行われているかについての例を表にまとめました。実習では、このように保育者の職務全体も観察し理解を深めると共に、これらのうち学びの一環として、実習生がお手伝いできることを行うこともあります。各施設のデイリープログラムと共に確認しておきましょう。

図表1-8　幼稚園デイリープログラム　保育者の1日（例）

時間	子どもの1日	保育者の1日
〜 8:00		出勤
	※園バス乗車など	保育室・園内環境整備、園バス対応など
8:30		朝のミーティング
9:00	登園　自由遊び	登園お迎え
9:30	朝の集まり	クラスの活動
10:00	クラス活動	
	昼食準備	昼食用意
11:50	昼食	昼食
	昼食片付け	
12:40	自由遊び・クラス活動	クラスの活動
13:40	帰りの集まり	
14:00	降園	降園の見送り
14:30〜		引き続きの保育活動（園バス対応、預かり保育の担当など）
	※園バス乗車など	
15:00	※預かり保育、時間外保育など	園内環境整備
16:00		スタッフミーティング
17:00〜		教材準備

図表1-9 保育所デイリープログラム 保育者の1日（例）

時間	0歳	1・2歳	3・4・5歳	保育者の1日
～7:00				（早番職員出勤）
7:30	早朝保育（合同*1）	早朝保育（合同*1）	早朝保育（合同*2）	早朝保育担当 （通常職員出勤）
8:30	順次登所	順次登所 排泄・手洗いなど	順次登所・排泄・身支度	職員ミーティング
9:00	遊び・授乳・睡眠（個別）	自由な遊び	自由な遊び	遊びの援助
10:00	おやつ（個別） おむつ替え（個別） 遊び・散歩	おやつ 遊び・散歩	クラス活動（各クラス、年齢、グループなど）	（遅番職員出勤） 各担当クラスの保育 生活・遊びなど援助
11:00	授乳・離乳食（個別）	食事準備		食事準備・配膳・介助（乳児）
11:30		食事	食事準備 食事	食事（乳児） 入眠介助（乳児） 食事準備・配膳、援助（幼児）
12:00	着替え・午睡 目覚め・おむつ替え	排泄・着替え 午睡 目覚め・排泄・着替え	排泄・着替え 午睡*3	食事（幼児） 排泄・着替え援助（幼児） 入眠介助（幼児）
14:00	おやつ・授乳（個別） 遊び	おやつ 遊び		連絡帳の記入 職員ミーティング 環境整備・教材研究など
14:30				
15:00			おやつ 自由な遊び	各担当クラスの保育 生活・遊びなど援助
16:00	順次降所	順次降所	身支度・順次降所	（早番職員退勤）
17:00	延長保育（合同*1）	延長保育（合同*1）	延長保育（合同*2）	保育内容引継 保護者への対応
18:00～	授乳・軽食	軽食	軽食	（通常職員退勤） 保育内容引継 環境整備、教材研究など 保護者への対応 （遅番職員退勤）

*1 0・1・2歳児合同保育 *2 3・4・5歳児合同保育
*3 5歳児クラスでは、午睡を取り入れていない園もあります。

図表1-10　認定こども園デイリープログラム　保育者の1日（例）

時間	0・1・2歳	3・4・5歳 短時間保育	3・4・5歳 長時間保育	保育者の1日
～7:00	※保育所に準ずる			（(長)早番職員出勤） 早朝保育担当
7:30			早朝保育	（通常職員出勤） 職員ミーティング
8:30		※園バス乗車など	順次登園・排泄・身支度 自由な遊び	遊びの援助
9:00		登園・身支度 自由な遊び		
9:30		短時間・長時間合同 クラスの活動 （各クラス、年齢、グループなど）		（(長)遅番職員出勤） 各担当クラスの保育 生活・遊びなど
10:00		朝の会 クラスの活動		※乳児クラスは保育所に準ずる
11:00				食事準備・配膳、援助（幼児）
11:30				食事（幼児）
12:00		食事準備・排泄・着替えなど 食事 片付け・自由な遊び・クラス活動 帰りの会		排泄・着替え援助（幼児） 各担当クラスの保育 生活・遊びなど
14:00		降園 ※園バス乗車など	自由な遊び*1・ クラスの活動など ※長時間保育室への移動*2	（短）保護者対応 （短）園バス車内保育など （長）クラスの保育
14:30		※預かり保育 時間外活動など	おやつ	（長）おやつの準備、配膳
15:00			自由な活動	
16:00				（短）職員会議、教材研究、環境整備など
17:00			身支度・順次降所	（(長)早番職員退勤） 保護者への対応
18:00～			延長保育（合同） 軽食	（通常職員退勤） 延長保育担当 生活・遊びなど 保護者の対応 （(長)遅番職員退勤）

＊1　午睡を取り入れている園もあります。
＊2　保育室の移動がない園もあります。

②保育者としての倫理

　保育者として務めるためには、倫理的な態度が求められます。このことは、保育所保育指針第1章総則に「倫理観に裏付けられた専門的知識、技術及び判断」として示されています。

　「倫理」とは、人としてのモラルや道徳観のことをさします。保育は子どもの育ちに大きな影響を与えます。同時に、その保護者や家庭生活にもその影響がおよぶため、保育者はその言動に配慮をしなくてはなりません。そのため、子どもの人権を損なうような発言や態度に気をつけ、またその家族に対しても敬いの気持ちで接することが求められます。

　また、保育者は各家庭のプライバシーに触れることになります。そのため、立場上知り得た個人情報ならびに園の情報（例：子どもの名前、住まい、家族、性格や特性、家庭の事情、園の様々な情報など）については、外部に漏れることがないように細心の注意を払います。近年は、保護者に対してもクラス名簿や住所録の配布を控えるなど、個人情報の流出防止は徹底されています。

　実習期間中、皆さんもこうしたプライバシーに触れる機会が生じます。実習生という立場をわきまえると共に、保育者としての節度ある振る舞いが求められます。

　例えば実習後、帰宅途中の電車やバスの中で、園や子どもの様子を友人同士で話したり、関係のない他者に話したりすることは控えましょう。

　とくに守秘義務については、日常のちょっとした言動の配慮に欠ける行いで、違反に至るケースがありますので気をつけましょう。TwitterやInstagram、Facebook、LINEなどのSNSで、実習が関連する記事の投稿は絶対にしないようにしてください。具体的には園名、園や関係者、子どもの写真や氏名、実習中に知り得た情報、実習中の出来事など、実習に関すること全てです。

　実習日誌には、園の情報を含め子どもの氏名などが記録されています。電車など公共の場で広げると、第三者の目にさらされたり置き忘れが生じる危険があります。また、カフェやファミリーレストランなどの飲食店で記録を書くことも控えましょう。

　次に社会福祉法人全国社会福祉協議会・全国保育協議会・全国保育士会で編纂された「全国保育士会倫理綱領」を載せますので、よく読んでおきましょう。

図表1-11　全国保育士会倫理綱領

全国保育士会倫理綱領

すべての子どもは、豊かな愛情の中で心身ともに健やかに育てられ、自ら伸びていく無限の可能性を持っています。
　私たちは、子どもが現在（いま）を幸せに生活し、未来（あす）を生きる力を育てる保育の仕事に誇りと責任をもって、自らの人間性と専門性の向上に努め、一人ひとりの子どもを心から尊重し、次のことを行います。
　私たちは、子どもの育ちを支えます。
　私たちは、保護者の子育てを支えます。
　私たちは、子どもと子育てにやさしい社会をつくります。

（子どもの最善の利益の尊重）
1．私たちは、一人ひとりの子どもの最善の利益を第一に考え、保育を通してその福祉を積極的に増進するよう努めます。
（子どもの発達保障）
2．私たちは、養護と教育が一体となった保育を通して、一人ひとりの子どもが心身ともに健康、安全で情緒の安定した生活ができる環境を用意し、生きる喜びと力を育むことを基本として、その健やかな育ちを支えます。
（保護者との協力）
3．私たちは、子どもと保護者のおかれた状況や意向を受けとめ、保護者とより良い協力関係を築きながら、子どもの育ちや子育てを支えます。
（プライバシーの保護）
4．私たちは、一人ひとりのプライバシーを保護するため、保育を通して知り得た個人の情報や秘密を守ります。
（チームワークと自己評価）
5．私たちは、職場におけるチームワークや、関係する他の専門機関との連携を大切にします。
　また、自らの行う保育について、常に子どもの視点に立って自己評価を行い、保育の質の向上を図ります。
（利用者の代弁）
6．私たちは、日々の保育や子育て支援の活動を通して子どものニーズを受けとめ、子どもの立場に立ってそれを代弁します。
　また、子育てをしているすべての保護者のニーズを受けとめ、それを代弁していくことも重要な役割と考え、行動します。
（地域の子育て支援）
7．私たちは、地域の人々や関係機関とともに子育てを支援し、そのネットワークにより、地域で子どもを育てる環境づくりに努めます。
（専門職としての責務）
8．私たちは、研修や自己研鑽を通して、常に自らの人間性と専門性の向上に努め、専門職としての責務を果たします。

（3）計画、実行、評価、修正サイクル

①保育の計画について

　保育は子どもの育ちに合わせて、さらに各園の保育者の育ちへの願いを込めて、計画的に構成されています。こうした保育の計画は、各園の保育方針により異なり、また実習そのものもこうした計画の一つに位置づいています。そのため、各園でどのような計画が立てられているかについて、実習生としても理解しておく必要があります。

　教育課程とは、幼稚園教育要領に基づき、各幼稚園で編成される全体計画のことをさします。幼稚園教育要領　第１章総則に次のように記されています。「各幼稚園においては，教育基本法及び学校教育法その他の法令並びにこの幼稚園教育要領の示すところに従い，創意工夫を生かし，幼児の心身の発達と幼稚園及び地域の実態に即応した適切な教育課程を編成するものとする」。

　また全体的な計画とは、保育所保育指針に基づき、各保育所で編成される全体計画のことです。保育所保育指針解説書には、「『全体的な計画』は、児童福祉法及び関係法令、保育所保育指針、児童の権利に関する条約等と各保育所の保育の方針を踏まえ、入所から就学に至る在籍期間の全体にわたって、保育の目標を達成するために、どのような道筋をたどり、養護と教育が一体となった保育を進めていくのかを示すものである。全体的な計画における保育のねらいと内容は、２及び４、第２章に基づき、乳幼児期の発達過程に沿って、それぞれの時期の生活や遊びの中で、子どもは主にどのような体験をしていくのか、またどのような援助が必要となるのかを明らかにすることを目的として構成される。これらは、保育時間や在籍期間の長短に関わりなく在籍している全ての子どもを対象とし、保育所における生活の全体を通して総合的に展開される」と定義されています。

　つまり教育課程と全体的な計画は、園で生活する全ての子どもが入園から卒園、さらにその後も見通して、充実した生活を送ることができるようにと立てられた計画です。これらは、園の保育方針や地域の実態、子どもの発達過程や家庭状況なども考慮し、園長の指揮のもと全職員で編成することとなっています。これらの教育課程、全体的な計画をもとに、実践に直接的に関わる「指導計画」が編成されています。

図表1-12　保育の計画のフィードバックシステム

PLAN（計画）→ DO（実行）→ CHECK（評価）→ ACTION（修正）→ PLAN（計画）

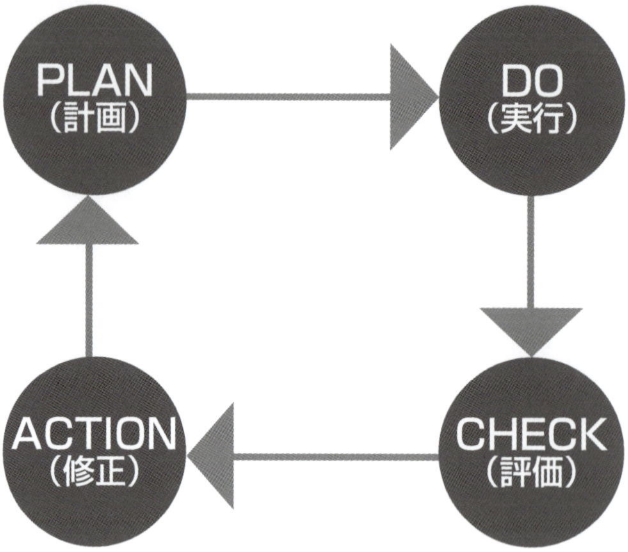

② PDCAサイクルの実際　フィードバックシステム

　これらの計画は、保育を見通しをもって実践するための目安であり、柔軟に用いられています。というのも、主に前年度の子どもの姿をもとに次年度の計画が構成されるため、時に子どもの実態に合わないなどが生じることがあった場合には計画そのものを見直すなどしながら、子どもの実情に即した形に構成し直す流れがあります。つまり、計画（PLAN）から実践（DO）、評価・見直し（CHECK）、修正（ACTION）といったサイクルがあるのです。それを保育の計画のフィードバックシステムといいます。次の図表で確認してください。

　皆さんの実習もそうした計画の中に位置づいています。そのため、実習を実施する際には、実習の時期が全体の計画のどのような時期にあるのか把握しておくことで、保育をより深く理解することができます。また責任実習を実践する場合にも、こうした計画から大幅にずれることがないよう配慮が必要です。こうした保育の計画については、第3部にも詳しく解説されていますので参考にしてください。

3．実習を充実した学びにするために

（1）心構え

①健康管理と必要書類
1）健康管理

　実習を行う上で重要なこととして、健康管理があげられます。というのも実習を行う実習生の条件として第一にあげられるのが、心身ともに健康であることだからです。

　まずは身体が健康であることが求められます。皆さんが関わる乳幼児は成人に比べて病気への耐性が低く、感染症に罹患（りかん）するとすぐに重症化してしまいます。そうした子どもたちと関わる皆さんが、感染症などの感染源になってはなりません。また、心の健康も大切です。実習では、実習生も子どもの命を預かる立場となります。そうした中、心ここにあらずの状態で実習を行うことは大変危険です。

　さらに実習は、学校のカリキュラムと園の都合を合わせ、長い時間をかけて互いに調整をし計画的に進められています。そのような中体調を崩してしまい、予定されていた実習が実施できないとなると、園では実習指導の計画が頓挫（とんざ）しますし、学校でもカリキュラムとして実施が難しくなることがあります。

　そうした意味でも実習に照準を合わせて、心身ともにベストな体調管理で臨（のぞ）むことが求められているのです。

　実習期間のみならず、健康管理は人と関わる仕事である保育者として、大切な職責の一つでもあります。日頃から規則正しい生活を心がけ、健康管理に努めることが必要です。体調管理を意識的に行うために、学校によっては体調チェック表を作成しているところもあります。皆さんも健康の自己管理を意識的に始めてください。

　三食をきちんととる、手洗い、うがい、早寝早起きを心がけるなど、生活の習慣を見直して取り組み、健康維持ができるよう心がけましょう。

図表 1-13　健康チェック表

健康チェック表

○○大学　　　番号　　　　　　氏名

実施期間　平成　　年　　月　　日（　）　～　　月　　日（　）

日付	体温	咳	鼻水	寒気	関節痛	吐き気	下痢	備考（その他の症状）	印
月　日（　）	度	有　無	有　無	有　無	有　無	有　無	有　無		
月　日（　）	度	有　無	有　無	有　無	有　無	有　無	有　無		
月　日（　）	度	有　無	有　無	有　無	有　無	有　無	有　無		
月　日（　）	度	有　無	有　無	有　無	有　無	有　無	有　無		
月　日（　）	度	有　無	有　無	有　無	有　無	有　無	有　無		
月　日（　）	度	有　無	有　無	有　無	有　無	有　無	有　無		
月　日（　）	度	有　無	有　無	有　無	有　無	有　無	有　無		
月　日（　）	度	有　無	有　無	有　無	有　無	有　無	有　無		
月　日（　）	度	有　無	有　無	有　無	有　無	有　無	有　無		
月　日（　）	度	有　無	有　無	有　無	有　無	有　無	有　無		
月　日（　）	度	有　無	有　無	有　無	有　無	有　無	有　無		
月　日（　）	度	有　無	有　無	有　無	有　無	有　無	有　無		
月　日（　）	度	有　無	有　無	有　無	有　無	有　無	有　無		
月　日（　）	度	有　無	有　無	有　無	有　無	有　無	有　無		
月　日（　）	度	有　無	有　無	有　無	有　無	有　無	有　無		

○○大学

2）必要な書類

実習を実施するために必要な書類として、次のようなものがあります。

1. 個人調書（履歴書）
2. 健康診断書（胸部レントゲンを含む）
3. 抗体検査（麻疹、風疹など）証明書
4. 細菌検査（サルモネラ菌、O157 など）証明書
5. その他、季節性インフルエンザ接種証明書

　これらが必要な理由は、実習生を受け入れる実習先に不利益が生じないよう、受け入れる実習生の健康状態の情報を先方に伝えた上で、実習を実施していただくためです。例えば体内の細菌については変動が大きいため、数か月前のものでは意味をなしません。そのため多くは実習先から、2週間以内や1か月以内などの検査結果提出の指示があります。ほかに健康診断書、抗体検査など、それぞれの検査の目的やその結果が意味することを十分に理解し、実習実施までに準備を整えておくことが大切です。

　こうした書類は、期日までに揃えることが大切です。実習実施を軸に日程を遡り、受診、結果到着までの見通しをもって準備を整えられるよう、計画的な行いに努めましょう。

②実習目標（課題）の目的、設定の仕方

　実習を実施する時に、この実習で何を学ぶのかといった目標を明確にもっていることが求められます。これらは「実習目標」「実習課題」「実習のねらい」などと各学校によって名称が異なりますが、目的は同じです（以下「実習の目標」とします）。

　これらの実習目標は、先にみた資格取得のための科目の教育的な目標とは異なり、実習生が個々に設定するものです。これまでの学習内容や体験を通して得たことから、今回の実習でより深めたいことを設定します。

　実習目標は、実習生がどのような目標をもって実習に臨んでいるかを知るため、受け入れる側の実習先では重要視されています。ここに皆さんの実習へ向ける熱意、また充実した実習に向けての心構えが記されているからです。

　実習は実践ならではの事象から、保育を学ぶことができる貴重な機会です。有意義な実習にするためにも、日頃から課題意識をもって授業に取り

組み、実践の場で明確にしたい内容を考えておくことが必要です。

なお、実習目標は皆さんが想定していた目標と、園の計画、園の方針などにそぐわない場合がありますので、オリエンテーションまでに作成し、事前に目標を確認していただいて、必要があれば修正した上で再設定することが望ましいでしょう。

図表1-14　実習目標の例

実習の目標

実習の目標

①幼稚園の1日の生活を知る。
　幼稚園の生活について理解を深めるために、各年齢ごとの生活の流れを把握し、援助のポイントについて学びたい。また、子どもたちの実際の発達の姿についても併せて学びたい。

②保育者の職務内容を学ぶ。
　保育者の実践の姿から、子どもに対する関わり方や保育だけでなく、それ以外の職務について学び、保育者への理解を深めたい。

③保育実技を習得する。
　準備した保育実技を子どもの前で実際に実演することで、保育者として必要な実践力を高めたい。

（2）オリエンテーション

①オリエンテーションの意義

　実習が始まる前に、実習先で行われる事前指導をオリエンテーションと呼んでいます。このオリエンテーションでは事前に実習先を訪れ、実習先の概要や実習内容、実習中に留意すること、心構えなどの説明を受けて、開始までに準備を整えることを目的とします。

　実施時期としては、多くは実習開始のおよそ1か月から1週間くらい前までに行われます。実習先によっては、実習開始初日に実施されることもあります。

　オリエンテーションで必要事項を確認することで、実習開始までに必要な準備がわかるだけでなく、実習先の様子や保育に対する心構えができます。

　そのためにも、大切なことを聞き漏らすことのないよう、あらかじめ準備を整えてから実施する必要があります。

②オリエンテーション実施の際の留意点

1）電話のかけかた

　オリエンテーションの日程は、多くは実習先と学生の間で日程調整を行い決定します。ただし、あらかじめ実習先から指定されることもあります。

　こうした日程調整は、事前に実習先へ電話をかけ調整します。電話は相手に表情などが伝わらないために、声や話し方だけで印象を判断されます。そのためにも、社会人として必要な受け答えを練習しマナーを心得ることが大切です。この電話からすでに実習が始まっていると思ってください。

　なお、電話をかける際は、次のことを心がけましょう。

- はきはきと明るい声で話す。
- 先方の活動時間帯に配慮する。
  例えば、幼稚園は全園児が登園しクラスの活動に入る10時から11時、降園後14時30分以降
  保育所の場合には、各クラスの活動に入る9時から11時、お昼寝の時間13時から15時が比較的電話対応が可能な時間帯です。
- 初めに用件を簡単に伝えた上で「今よろしいですか」と先方の状況を尋ねる。

図表 1-15　ワークシート　電話のかけ方（参考例）

① **はじめ　実習先の確認、名乗る、担当者**

学生　「○○幼稚園（保育所、施設）でしょうか」
園　　「はい、そうです。」
学生　「お忙しいところ恐れ入ります。私は（　　　）大学（　　　）学部の
　　　（　　　　　　　）と申します。実習の件でお電話を致しました。
　　　園長先生または実習担当の方はいらっしゃいますか？」
園　　「少々お待ちください。」
園　　「お待たせいたしました。園長の○○○○です。」

② **日程の調整　必要書類の確認**

学生　「○○先生、お忙しいところ失礼致します。私は（　　　）大学（　　　）
　　　学部（　　）年の（　　　　　　　）と申します。（　　）月の実習は
　　　受け入れてくださいまして、ありがとうございます。どうぞよろしくお願
　　　い致します。実習の事前指導（オリエンテーション）をお願い致したく、
　　　日程のご相談をさせていただきたいと思い、お電話しました。今、お時間
　　　はよろしいでしょうか？」
園　　「わかりました。」
学生　「ありがとうございます。いつおうかがいしたらよろしいでしょうか。」
園　　「○月○日○曜日　○時はいかがですか。」
学生　「承知致しました。○月○日○曜日○時ですね。そのときに何か必要な書類
　　　はありますか。」
園　　「○○、○○をお持ちください。」
学生　「承知致しました。○○、○○をお持ちします。」

③ **お礼**

学生　「（　　　　　）先生、本日はありがとうございました。当日はどうぞよろ
　　　しくお願い致します。」
園　　「お待ちしています。」

- 日程調整がスムーズにできるようにあらかじめ予定を整理しておき、手元にスケジュール帳を置いた上で電話をする。なお、複数で実習を行う場合には、可能な限り全員がいる場でかけ、調整は一度で済むようにする。
- 日時、必要な持ち物を必ず確認し、復唱する。
- 電話は相手が切ったことを確認してから切る。

　近年、携帯電話でやり取りをすることが一般的ですが、携帯電話は通信環境の状態により、通話が途切れたり切れてしまったりすることがあります。通話状態が悪い中での電話は、先方にご迷惑をおかけするだけでなく大変失礼ですので、できるだけ公衆電話や自宅の固定電話などを利用するようにしてください。駅のホームや周囲が騒々しい環境も避けましょう。
　左記に電話のかけ方について一例を載せましたので、参考にしてください。

2）当日の服装、身だしなみ、マナー

服装
　目上の方と改まった場で接することから華美な服装は避け、基本的にはスーツ、適切な鞄と靴で出かけます。スーツは白シャツに黒色か紺色、グレーの上下セットのタイプがよいでしょう。なお、園によっては普段着でなどと服装を指定されることがありますので、そうした場合には園の指示に従いましょう。

身だしなみ
　身だしなみは足もと、首もと、手もとを整えるだけでも清潔な印象を与えます。つまり、靴のブラッシング、シャツにアイロンをかける、爪を短く切りきちんと整えるなどです。アクセサリーも控えましょう。
　女性の場合、化粧は本来必要ありませんが、好印象を与える程度の薄化粧はよいでしょう。つけまつげや濃いアイラインなどはしないようにしましょう。
　髪の色は自然な黒色にしましょう。学生の頭髪のカラーリングは、華美で不真面目な印象を与えてしまいます。長い髪はまとめるなどし、寝癖を直し、華美なスタイリングは控えます。
　男性は髭などに配慮し、清潔な印象を与えるよう心がけましょう。

図表1-16　チェックリスト

実習オリエンテーション　チェックリスト

1. **実習園の保育について**
   - ☐ 保育方針　あるいは教育課程、全体的な計画など
   - ☐ 指導計画、デイリープログラム
   - ☐ 実習先の特色
   - ☐ 子どもの概要（クラス、人数ほか）
   - ☐ 職員構成
   - ☐ 開園（所）時間
   - ☐ 年間行事予定
   - ☐ 保育環境（設備、保育室、園庭など）
   - ☐ 実習園における決まりなど

2. **実習指導について**
   - ☐ 配属クラス（年齢、グループ、子どもの様子）
   - ☐ クラスの週案、部分実習、責任実習の日程
   - ☐ 実習日誌について（提出日、提出先）
   - ☐ 指導案について（下書き・清書提出日、提出先）

3. **勤務について**
   - ☐ 出退勤時刻、早番、遅番の日程など
   - ☐ 服装（通勤時、実習中）
   - ☐ 必要な持ち物
   - ☐ 昼食について

4. **その他**
   - ☐
   - ☐
   - ☐
   - ☐

※ 4.その他の欄には、ほかに気になることがあれば書き出してみよう。

マナー

　遅刻は厳禁です。当日は、遅くとも15分前には園の近くに到着できるよう、交通経路を調べ、時間に余裕をもって出かけるようにしましょう。交通機関の事情による遅延の場合には、速やかに実習先に電話し、状況を伝えることが大切です。なお、実習先にあまりに早く到着しすぎても失礼になります。原則的には時間通り、あるいはやや早め（5分程度）に入室できるとよいでしょう。

- 園内で出会った職員や保護者の方々には、笑顔であいさつをします。
- 受付で、自分の学校名、氏名を名乗り、訪問の目的を伝えます。
- 靴を脱ぐ場合には、両足分を整えてから玄関にあがります。
- 職員室に通された場合には、「失礼致します。」など、一言断ってから入室するようにしましょう。

3）確認することのチェックリスト

　図表1-16にオリエンテーションで確認した方がよい内容をまとめています。あらかじめ確認しておき、聞きそびれることがないようにしましょう。

③オリエンテーション報告書

　実習日誌の資料、または学校への提出物として、「オリエンテーション報告書」をまとめることがあります。

　オリエンテーションで確認したことは、実習を実施する上でどれも大切なことですから、実習開始までにそこで得た情報を整理し、確実に実施できるようにしておくことが大切です。

　これらの情報は、次に実習を受ける後輩のための実習の手がかりとしての資料となります。また、巡回指導の担当教員が、皆さんがどのような実習を行っているかを把握するため、また実習先の所在地を知るための資料となりますので、丁寧に記録することが大切です。

　特に地図は、先生方が巡回に出かける際の重要な手がかりになります。近年は、スマートフォンなどで所在地を簡単に検索することができますが、他者がわかりやすいように他者の視点で地図を描くことで、園の周辺を注意深く観察することができます。地図の作成は、単に道案内の役目だけではなく、皆さん自身が園環境を知るための手助けにもなっているのです。

　実習がオリエンテーションからすでに始まっていると言われる所以は、こうした事前準備のあり方にも表れているのです。

図表 1-17　オリエンテーション報告書

オリエンテーション報告書

実習園	園長名	実習生氏名
わかば幼稚園	○○　○○先生	学籍番号 22C00XX
	実習指導職員名 △△　△△△先生	氏名 □□　□□

所在地	電話番号
東京都○○区△△△　1-23-4	03-○○○○-△△△△

実習期間	平成○○年　○月　△日　〜　平成○○年　○月　△日

訪問日	いただいた資料など
平成○○年○月　△日	わかば幼稚園実習計画表　クラス名簿 パンフレット　楽譜8曲

オリエンテーションの内容
- 出勤時間　7時50分（到着したら、着替えを済ませて実習スタート）
- 実習開始時間　8時　実習終了時間　5時
- 配属クラス　ちゅうりっぷ組（4歳児）・毎日お弁当、水筒（ペットボトルは×）を持参する。
- 1週目は観察実習　2週目に部分実習（保育実技）、全日責任実習（○月△日）
- 楽譜は弾けるように練習すること。　・実習日誌は翌朝、事務室のボックスに提出すること。
- 自己紹介の内容を考えてくること。　・指導案については、実習初日に下書きを提出すること。
- 子どもとの関わり方などの注意点。　・提出書類の確認などを行った。

給食
あり　(なし)　1食(回)　(　　)円　(　　)日　合計　(　　)円

特に指示された携帯品
エプロン　名札　上履き　外履き　お弁当　お茶用カップ　メモ帳　筆記用具

園長の不在日
特になし

学校からの経路　　所要時間　(　1時間　)
渋谷　→　大宮　→　○○支所
JR線（湘南新宿ライン、埼京線など）　国際興業バス

最寄り駅から実習先までの地図

最寄り駅（バス停）から　徒歩　20　分

④オリエンテーションの生かし方

1）自己学習のススメ

　訪問後、オリエンテーションで明らかになったことを中心に、自己学習に取り組みます。

　例えば、配属クラスが決まった場合には、クラスの子どもたちの発達の姿やその時期にみられる遊びなど、すでに学んだテキストなどから復習しておきましょう。また、幼稚園、保育所の制度的位置づけや設置目的などの基本的な内容を理解していることも大切です。そうした情報は、このテキストにも資料を載せていますので参考にしてください。

　また、実習先から指示された持ち物などを揃えることもこの時期の大切な手続きです。普段使っている物が、実習を行う上で適切な道具であるかどうかを確認することも大切です。例えば、水筒や弁当箱などの大きさや構造が保育に適しているかといった視点から捉えなおし、手早く飲食ができるような構造の物を用意することが必要です。

　服装について特に指示が無かった場合にも、自分の私服や靴を改めて確認し、保育を行う実習生として適切な服装かどうかをチェックしてください。例えば、フードのあるパーカー、ジーンズなどは機敏な行動がとれず、場合によっては危険が生じることもあるため、保育中には不適切なスタイルです。通勤の服装から実習用の服装へ着替える時にも、スムーズに着替えられるもの、学生らしい服装であることが求められます。

　直前になって慌てないよう、細部にわたり確認しておくことが必要です。

2）実習先の概要の記録の重要性と実習への活用の仕方

　オリエンテーションは、園の概要を知る一番初めの機会となります。オリエンテーション終了後は、実習日誌にある「実習先の概要」（図表1-18）また「実習計画書（スケジュール）」（図表1-19）を記録しておきましょう。

　実習先の概要には、園全体の情報をまとめることができます。園の所在地のみならず保育方針、子どもの数、クラスの状況、園内の配置図、職員組織というように、実習先の基礎知識がまとめられている箇所です。

　オリエンテーションが終わったらすぐに記入し、実習中皆さん自身も繰り返し確認しておくことで、より深い理解を得ることができるでしょう。

　また、次に重要なのは実習中のスケジュールです（図表1-19）。オリエンテーションでは、園で検討された実習計画をもとに、実習期間中の配属クラスや部分実習、責任実習の日程が示されます。こうした日程については、

丁寧に整理し、当日までに計画的に教材の準備ができるよう、確認しておきましょう。

　学校によっては、こうしたスケジュールが実習日誌に掲載されているところもありますが、掲載が無い場合にはそれぞれ作成し、実習前には整理しておくことが必要です。

3) 巡回指導担当教員へのあいさつと伝達事項

　教育実習、保育実習ともに、実習中に養成校の教員が実習先を訪れ、直接学生の指導をすることが求められています。実習前に巡回指導担当教員のところへ必ずあいさつに行きましょう。可能であれば実習前に面談し、オリエンテーションで得られた内容、また自らの実習目標など、確認しておきましょう。

　巡回指導では、巡回指導教員は実習をしている様子を観察して、実習を実施している中での課題や実習生からの質問に対して助言します。あわせて実習中の日程を含め、園での実習指導内容について把握する必要がありますので、事前にわかっている内容については巡回指導教員に伝えるようにしましょう。また実習中のトラブルについては、巡回指導教員が対応してくださることが多いので、互いにスムーズに連絡が取れる方法を相談し、何かあった場合には必ず連絡がし合えるようにしましょう。

図表 1-18　実習先の概要

> 園の基本情報です。あらかじめ丁寧に記述し、覚えておきましょう。

実習園の記録

園　名	○○○　保育所	所在地	○○○△△　1-2-33
園長名	○○　○○○	指導者名	△△　△△△

園児数、クラス編成

クラス	0才	1才	2才	3才	4才	5才
男児	3	5	8	12	13	16
女児	3	7	8	8	17	14

> 各クラスの子どもの人数、男女の数はあらかじめ確認しておき、クラスの規模などを明確にしておきましょう。

園の方針（目標）
・健康な心とからだをもつ子ども
・表現することができる子ども
・思いやりのある優しい子ども

> 園の目標を理解しておきましょう。

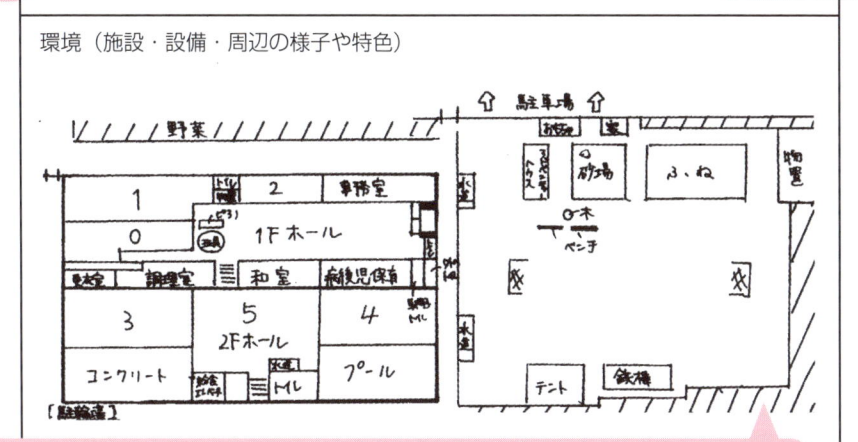

環境（施設・設備・周辺の様子や特色）

[園の配置図]

> 定規などを使って丁寧に記入しましょう。園の配置は、子どもの動線や保育環境を考える上で大変重要です。詳細に記録を取っておきましょう。

職員組織その他

　園長　1名、副園長　0名、保育士（男　2名、女　19名、合計　21名）

　看護師　1名、栄養士　1名、調理員　3名、その他　4名

> 職員構成についても理解しておき、それぞれの役割分担なども実習中に確認しておくようにしましょう。

備考	

○○大学　△年　No.22C0000XX　氏名　□□　□□

第❶部　実習前に

図表1-19　実習スケジュール

実習スケジュール

実習期間【平成　　年　　月　　日　～　　　月　　　日】

日付	配属クラス	園の行事	実習生の活動内容 （観察・参加・責任、 絵本・紙芝居・手遊び・散歩・沐浴など）
9／1 （月曜日）	ふたば （0歳児）	朝会	観察・参加 沐浴実習
9／2 （火曜日）	すみれ （1歳児）	身体測定	観察・参加 園外保育（中央公園）
9／3 （水曜日）	たんぽぽ （2歳児）	お誕生会 （低年齢クラス）	部分実習（朝の会） 絵本または紙芝居の読み聞かせ
9／4 （木曜日）	ちゅうりっぷ （3歳児）		部分実習（昼食時） 手遊び
9／5 （金曜日）	ひやしんす （4歳児）		部分実習 エプロンシアター
9／6 （土曜日）	合同保育		乳児クラス
9／8 （月曜日）	ひまわり （5歳児）	朝会	午前：クラス懇親会 午後：一時保育、支援センター
9／9 （火曜日）	ひまわり （5歳児）	歯科検診	部分実習（朝の会） 絵本・紙芝居の読み聞かせ
9／9 （水曜日）	ひまわり （5歳児）	お誕生会 （幼児クラス）	部分実習（主な活動） しっぽ取りゲーム
9／10 （木曜日）	ひまわり （5歳児）		責任実習（全日）
9／11 （金曜日）	ひまわり （5歳児）	実習生お別れ会	部分実習（午睡） 絵本の読み聞かせ
9／12 （土曜日）	合同保育		部分実習（午睡） 絵本の読み聞かせ

第2部
実習日誌とは

1．なぜ実習日誌を書くのか

　実習から帰ってきた学生に、実習についての感想を聞くと、「子どもたちがかわいかった」「やりがいを感じた」などが多くあげられる一方で、同じくらい「実習日誌が大変だった」というような声も聞かれます。もっと詳しく言えば、「毎日、日誌のスペースを埋めるのに苦労した」「同じことを繰り返し書くだけになってしまった」というような声が多いように感じられます。このような声を聞くと、苦労して作成した日誌ではあるのでしょうが、そこから得られるものは少なかったのではないかな……と残念に思います。

　ところで少し前に流行したダイエット法に、毎日食べたものを手帳などに記入する、というものがありました。では毎日食べたものを記入さえしていれば、ダイエットは成功するのでしょうか？　答えは「いいえ」です。食べたものを記入しながら、あるいは記入した後に、「野菜が少なかった」「間食が多かった」としっかり実態を把握し、「野菜を多めにとるようにしよう」「おやつの回数を減らそう」などと今後の改善策を打ち出し、実践していくことが必要なのです。そこではじめて、当初の目的（ダイエット）が果たせるのです。

　乱暴に聞こえるかもしれませんが、保育における記録も同じであると言えます。実習日誌はただ用紙を文字で埋めればいいというものではありません。記入しながら自らの行動を振り返ったり、翌日以降の実習の課題を見出したりすることこそが大切なのです。第2部では、「実習日誌」をただの記録ではなく、自分自身の学びを深めるツールとするため、その意味と書き方について学んでいきましょう。

（1）記録の役割

　皆さんもご存じのとおり、専門職としての保育者は、ただ子どもを世話したり、一緒に遊んだりするだけの存在ではありません。子どもたちの発達や心理を理解し、その年齢にふさわしい活動を考え、活動しやすいようにかつ危険のないように環境を整え、クラス集団を指導し、クラス集団の中の子ども一人ひとりの育ちや課題を捉え、集団と個人のよりよい成長を目指す……このように、保育者には様々な役割が求められているのです。そのため保育者は常に、今何が起きているのかと現状を把握し、この先どうなっていくのかという見通しや、どうしていきたいのか、あるいはどうなってほしいのかという願いをもち、適切な働きをしなければなりません。実習の記録は、その力を身につけるために、大変役に立つものになります。

（2）考えながら記録しよう

　実習期間中に皆さんが作成する保育の記録をまとめたものを、実習の記録や実習日誌などと呼んでいます。幼稚園・保育所の生活の流れ、そこで生活している子どもたちの姿（遊びなどの活動への取り組み、友達とのやり取り、基本的生活習慣の自立、一人ひとりの育ちや課題など）、保育者の援助（子ども集団への働きかけ、子ども一人ひとりへの援助、言葉がけ、環境構成、教材の準備など）、そしてそれらに対して皆さんが感じたことや考えたこと、などを記入するものです。

　それは、保育の中で目にしたもの、耳にしたものをすべて書き留めなければいけないというものではありません。「子どもの姿」「保育者の援助」「環境構成」など、その時々でみたいことや知りたいことを明確にし、目的意識をもって観察する中で捉えたことを記録していきましょう。

　また多くの実習日誌は、みたまま聞いたままを客観的な記録として残すだけではなく、保育者を目指す学生として、感じたことや考えたことをあわせて記入していく書式になっていると思います。このことにより、保育の中で起きた様々な出来事や子どもの育ち・課題などを客観

的に捉える力と、その捉えに対して保育者としてどのように関わっていくのかを考える力の両方を身につけていくのです。

（3）指導に生きる記録にしよう

　実習の前半に書いた日誌は、実習の後半、いよいよ皆さんが子どもたちを指導する立場に立つときに、皆さんを助けてくれるはずです。日誌を開けば、朝や降園時の活動の流れはどうなっているのか、受け入れ時の保育室内の設定はどうしたらいいのか、というような基本的な事柄が確認できます。日々観察するなかで理解できているつもりになっていても、指導案を作成してみると活動の順番があやふやで困った、というようなことがよくあります。丁寧に記録を残しておけば、指導案を作成するときに大変役に立ちます。

　また、それまでに書きとめておいた子どもの姿から、予想される子どもの姿や、それに対する保育者の援助の方針などを考えていくことができます。例えば、「Ａくんは身支度に時間がかかる」という記述が残っていれば、片付けや身支度をする前にはＡくんには早めに声をかけよう、というような援助の方法が考えられるでしょう。同様に、「Ｂちゃんは製作に自信が持てないようだがハサミの扱いは上手である」とあれば、Ｂちゃんのできていることをたくさん認め自信につなげていこう、と考えるかもしれません。

　みなさんの実習期間中の記録は、実習先の先生方に見ていただくために書くものでも、日々のノルマとして決められた量をこなすために書くものでもありません。保育者のタマゴとして行動する自分自身のための記録なのです。自分の捉えた子どもの姿から子ども一人ひとりのよさや課題を見つめ、個別にどのように援助していったらよいのかを考えるためのヒントを得ることができる、そんな記録を目指しましょう。

2. 実習日誌を書くために……観察の視点と書き方

　第1部でも学んだ通り、実習は「観察実習」「参加実習」「責任実習」と分けることができます。しかし、「観察実習」の段階を終えたら、もう観察はしないでいい、というわけではありません。イメージとしては「観察」から「観察・参加」、そして「観察・参加・責任」へと、やるべきことがどんどん増えていくという感じでしょうか。実習中のみならず、プロの保育者になってもずっと「観察」は続くのです。

　次の3つの表は、短大で保育について学んでいる学生が、模擬保育（先生役、園児役を学生が行い、実際の保育を想定して行うもの）を観察し、日誌の形にまとめたものの一部です。先生が、園児（4歳児6月を想定）に初めてのダンス『エビカニクス』を教えている場面を捉えたものです。

図表2-1　Aさんの日誌

子どもの活動	保育者の援助や留意点	実習生の動き・気づき
●ダンスの説明を聞く	・これからやるダンス（エビカニクス）の話をし、動き方を説明する ・子どもたちに立つように言う	・はじめてのダンスなので、子どもたちは興味津々に聞いていた
●ダンスを踊る （エビカニクス）	・前で踊って見本をみせる	・楽しそうなダンスだと思った

図表2-2　Bさんの日誌

子どもの活動	保育者の援助や留意点	実習生の動き・気づき
●ダンスの説明を聞く	・エビやカニの動きを実際にやって、子どもたちにまねをしてもらう	・はじめにエビとカニの動きをクイズにし、動きをわかりやすく説明している
・ダンスの練習をする	・エビやカニの動きをだんだん速くしていき、先生が言った言葉のポーズをするように声をかける	・「エビ、エビ…」と同じものを繰り返したりし、すごく盛り上がっていて、それに速さをつけることでより楽しんでいるように感じた
●ダンス『エビカニクス』を踊る	・子どもたちからみえるように前で動きを言葉にしながら大きく踊る	・先生の動きをまねしながら踊れるようにしており、わからない子も先生をみながら楽しそうに踊っていた

第❷部　実習日誌とは

図表 2-3　Cさんの日誌

子どもの活動	保育者の援助や留意点	実習生の動き・気づき
●M先生の話を聞く	・ダンスが楽しいものであるという期待をもたせ、笑顔で説明する	・先生の表情から、次の活動に興味をもっているようだ
・「シー！」と言いながら立つ子が多い ・E子は忍者になりきっていた	・「忍者みたいに静かに立つよ」と声をかけ、子どもを立たせる	・「忍者」という言葉からイメージを膨らませ、静かに、楽しそうに立っていた
●ダンスの説明を聞く	・全員静かになったところを確認し、ダンスの動きについて説明する	・集中してから話し始めると、子どもがしっかり聞くことができ、話が伝わりやすいようだ
・先生の模倣をして、ポーズの練習をする	・エビとカニのポーズを最初に説明する。前の先生が体と言葉を使って手本を示す	・動きが難しいと思ったが、繰り返し練習するうちに楽しい気持ちになっているようにみえた
●ダンスをする 『エビカニクス』 ・Y子は先生をよくみて上手にまねしている ・R子とK子がぶつかる	・曲に合わせ、動きを言葉で表現しながら振り付けをわかりやすくしている（足踏み、右、左、エビ、カニなど）	・先生が前で大胆にダンスをすると、子どもたちもそれをまねし、とても楽しそうだった。 ・声かけにより、次の振り付けがわかりやすく、初めてのダンスでも上手に踊れていると感じた ・踊りに夢中になると隣同士でぶつかってしまう。もっと広がるとよいのかもしれない

　先ほども述べましたが、この3つの記録はすべて同じ場面を捉えたものです。しかし、書かれた日誌は同じものではありません。

（1）「事実」を捉えただけの日誌にしない

　Aさんの日誌（図表2-1）は活動の流れ（子どもと保育者の動き）を記したものです。保育者の援助の欄に「ダンスの話をし、動き方を説明する」と書いてあります。しかし、どのような話をしたのか、どのように動き方を説明したのかについては、全く触れていません。また「実習生の動き・気づき」の欄をみてみると、観察する立場として「楽しそうなダンスだと思った」ようなのですが、どこからそう感じたのか（子どもの表情からか、曲調からか、振りつけからか……など）が伝わってきません。

Bさんの日誌（図表2-2）はどうでしょうか。先のAさんの日誌に比べると、より具体的に記入されています。「ダンスの説明」では、「エビやカニの動きを実際にやって、子どもたちにまね」させていたのだとわかります。また、「動きをだんだん速くしていき、先生が言った言葉のポーズを」繰り返しさせることで、動きの定着を図ったようです。それも機械的な反復練習ではなく、「（エビ、エビ…と）同じものを繰り返したりし、すごく盛り上がっていて、それに速さをつけることでより楽しんでいるように感じた」と気づきの欄に書いてあるように、ゲーム性をもたせることで子どもが楽しめるように工夫されていたことがわかります。こういった指導方法が子どもたちに有効であると気づけば、次に自分が指導する立場になった時に、同じようなやり方を取り入れることができます。

　ではCさんの日誌（図表2-3）をみてみましょう。一見するとBさんの日誌とそう変わりはないようにみえますが、「子どもの活動」の欄に、集団としての子どもたちの反応や、個人の姿が記入されています。例えば「E子は忍者になりきっていた」や「Y子は先生をよくみて上手にまねしている」などです。このような記録が積み重ねられることにより、E子は何かになりきることが大好きな子どもであるとか、以前は全く踊りに興味を示さなかったY子が、今では率先して踊りに取り組んでいる……などのような子どもの特徴や変化に気づくことができるようになるのです。実習という短い期間では変化を捉えることは難しいかもしれません。しかし、一人ひとりの姿を捉え、理解するように努めることは、実習生であろうと必要な姿勢であると言えます。クラス集団としての子どもを捉えるのと同じくらい、個人の姿を捉え、記録できるようにしていきましょう。

　また、「実習生の動き・気づき」の欄には、「先生が前で大胆にダンスをすると、子どもたちもそれを真似し、とても楽しそうだった」と書かれています。Aさんの日誌の「楽しそうだと思った」よりも具体的ですね。このような「気づき」があれば、自分が保育者として子どもにダンスを教える時には、大きく動いてみせようと意識することができるようになるでしょう。

第❷部　実習日誌とは

（2）実習全体の大きなねらいを意識しながら、日々の実習に小さなねらいをもつ

　今みていただいた例はほんの数分の模擬保育場面を観察し、記録したものですが、実習する幼稚園・保育所の1日はとても長いものです。しかもとても長い時間であるにも関わらず、体感的にはあっという間に終わってしまいます。気づくと1日が終わっていた、しかし実際に日誌にまとめようとすると何も覚えていない…これでは、せっかくの実習の意味が少なくなってしまいます。

　そこで、一日一日を無駄がなく実り多い実習にするために、皆さんがしなければならないのは「日々の実習にねらいをもつ」ということです。第1部で学んだ通り、実習全体には幼稚園教諭や保育士の仕事の内容を理解すること、子どもの発達を理解すること、援助技術を身につけること……など、様々なねらいがあることでしょう。その実習全体の、大きなねらいを達成するためには、実習の一日一日に小さなねらいをもつことが必要です。その小さなねらいの達成の積み重ねが、大きなねらいの達成につながっていくのです。

　実際に学生が立てたねらいをみてみると、実習の初期のものだけでも、「幼稚園生活の1日の流れを知る」「一人ひとりの園児と触れ合い、積極的に声をかける」「保育者の言葉のかけ方（声の大きさや言葉の選び方）を学ぶ」「子どもが活動しやすいようにどのような配慮がされているのかを知る」など、実に様々でした。個人の興味・関心や課題意識などから、自分に合ったねらいを立てていくといいでしょう。

　自分のみたいもの、知りたいものをしっかり自覚した上で観察すれば、ただぼんやり観察する時とは比べ物にならないくらい、たくさんのことがみえてくることでしょう。

①観察→実習日誌作成への流れ
・「みたいもの」を意識しながら観察しよう
・メモ帳と筆記用具は常に携帯しよう

先に述べた通り、皆さんは「今日は〇〇を観察しよう」という意識のもと、実習に臨みます。〇〇の中に入るのは、「保育室の環境構成」や「子どもの生活習慣の自立の程度」かもしれないし、「子どもの仲間関係」や「保育者の子どもに対する言葉のかけ方」などかもしれません。さらに「トラブル場面での保育者の援助の方法」など、より的を絞って観察に臨む人もいるかもしれません。

　その上で、子どもたちの様子や保育者の言葉がけ、援助や環境構成の方法などについて観察していきます。観察した内容や、それに対する自分自身の考え、気づいたことなどを簡単にメモとして残します。

　メモと筆記用具は、常に身につけておくとよいでしょう。エプロンやジャージなどのポケットに入れておきます。ただし、保育所の3歳未満児クラスなど、子どもの年齢が低いクラスで実習する場合、ボールペンなどの筆記用具を落としてしまうと、子どもの思わぬけがにつながりかねません。また、メモを実習先の内外で落としてしまうと、子どもの個人情報が第三者の目に触れてしまうかもしれません。メモを取る場合は実習先で必ず許可をいただくようにし、その扱いには十分気をつけるようにしましょう。

　メモは、自分が後で見返した時にわかるように記入されていれば、どのような取り方でも問題ありません。個人名の記入は控え、イニシャルなど自分が後でわかるような書き方にするとよいでしょう。

　また実習先によっては、保育中はメモを取ることを許可しないというところもあるかもしれません。その場合は子どもの午睡中や降園した後などの時間を利用し、なるべく記憶が新しいうちに記録しておきましょう。

②実習日誌の書式例と記入上の注意
・実習日誌の書式例

　実習日誌の形式は養成校によって異なりますが、多くは以下の6つの項目を記入するようになっています。ここでは2つの書式例（図表2-4と図表2-5）をみていくことにします。

a. 本日の実習のねらい

この欄に記入する「ねらい」には2つの考え方があります。

図表2-4では、<u>実習生としての自分自身</u>のねらいを書く欄があります。自分がその日の実習の中で知りたいこと、理解を深めたいこと、身につけたいこと、意識していきたいことなどをあらかじめ記入した上でその日の保育に臨みましょう。

図表2-5では、「保育のねらい」と「実習生のねらい」の欄があります。この場合、保育のねらいの欄には、<u>担任保育者</u>のその日の保育のねらいを伺って記入します。実習生のねらいの欄は図表2-4の説明と同様に、実習生としての自分自身のねらいを考えて記入します。

b. 時間

活動の始まりの時間、終わりの時間などを記入します。

c. 環境構成（図表2-5）

教室の様々なものの配置（テーブル、イス、ままごとコーナーなど）や、活動にあたって準備するもの（色画用紙、セロハンテープ、クレヨンなど）の数や配置、活動の時の保育者や子どもの位置関係などを文字や図にして記入します。図表2-4の書式の場合、環境構成は d. 子どもの活動や e. 保育者の援助と留意点の欄に記入するようにします。

d. 子どもの活動

子どもの生活の流れを中心に、なるべく子ども個々の姿、集団の姿を捉えて書くようにします。

e. 保育者の援助と留意点

保育者の動き、言葉、子どもに対する援助など直接目にしたことや、またその保育者の行動や発言の背後にある意図を質問したり、推察したりしながら書いていきます。

f. 実習生の動き・気づき

実習生として実際に行ったことや、子どもの活動する姿や保育者の動き、援助をみて感じたり考えたりしたことを中心に書きます。

図表 2-4　実習日誌見本パターン A

実習記録

実習生氏名　○○　○子　　　　担当指導者　△△　△美　先生

月　　日　　曜日	天候	出勤：　時　分	退勤：　時　分
歳児　　　組	出席　　名	欠席　　名	合計　　名
a 本日の実習のねらい			

時間	子どもの活動	保育者の援助と留意点	実習生の動き・気づき
b	c,d	c,e	f

図表 2-5　実習日誌見本パターン B

実習記録

実習生氏名　○○　○子　　　　担当指導者　△△　△美　先生

月　　日　　曜日	天候	歳児　　　組　　男児　名　女児　名　欠席　名
a 保育のねらい		
a 本日の実習のねらい		

時間	環境構成	子どもの活動	保育者の援助と留意点	実習生の動き・気づき
b	c	d	e	f

第❷部　実習日誌とは

49

・**実習日誌の記入上の注意など**

　記入には、黒いペンを使用しましょう。ただし、消せるタイプのボールペン類は使用できません（熱などにより消えてしまう可能性があるため）。

　誤字・脱字がないように気をつけて記入するようにしましょう。手元に辞書を用意し、わからない、あるいは自信がもてない漢字や言葉を調べる習慣を身につけましょう。

　少しの修正であれば修正テープなどを使用しても構いませんが、なるべく使用しないで済むように心がけましょう。修正箇所だらけの日誌は好ましくありません。なるべく鉛筆で下書きをした上で、ペンで清書をするようにしましょう。

　記入した日誌は実習園に提出しますが、提出方法は実習初日に確認しましょう（いつ提出するのか、誰に提出するのか）。多くの園では日誌はその日のうちに作成し、翌朝に提出するようになっています。期日をしっかり守って提出しましょう。

　最近の日誌はルーズリーフタイプのものが主流になっていますが、実習園としては数日間預かっておくことなどが可能なため扱いやすい反面、ばらばらになりやすく、誰のものかわかりにくくなってしまう面もあります。実習園には同時期に複数の実習生がいる場合があるため、ほかの実習生の日誌と区別がつけやすいような形で提出しましょう。それぞれのページに記名をしたり、記名をしたクリアファイルに入れて提出するなどの工夫をするとよいでしょう。

　日誌が返却されたら、先生方からのコメントや誤字などの指摘、訂正などにしっかり目を通し、必要があればさらに修正しましょう。修正の方法については実習園で確認してください。修正の必要がない場合でも、同じ指摘を受けないように、以降の日誌を記入する際には十分気をつけるようにしましょう。

　実習園の先生方にとって、日々の保育にプラスして実習生の指導をし、毎日提出された日誌に目を通し、日誌上でも指導・助言をするということは大変負担の大きいことです。しかし同時に、実習生が捉えた子どもの姿を目にすることは、楽しいことでもあると感じる保育者は少なくないでしょう。ですから学生の皆さんは、ご指導いただいたことを無駄にすることなく、わからなけ

れば質問をするなどし、しっかり理解するように努めましょう。また、実習園の先生方が目を通すにふさわしい、みやすく内容の充実した日誌を作成するように努めましょう。

③子どもの生活の流れを捉える
・子どもの1日の生活の流れを把握しよう

　子どもは登園すると、朝の活動や当番活動、好きな遊び、体操や造形などの活動、お弁当や給食の時間、午睡、おやつ、降園活動などを行います。子どもたちの生活には様々な活動がありますが、数日観察してみると、子どもの日々の生活の流れは、だいたい決まっているということに気づくでしょう。

　子どもたちの生活の流れが、毎日ほぼ決まったものであるのには理由があります。同じ流れで生活を送ることにより、子どもたちは自分の生活に見通しがもてるようになるからです。自分の生活に見通しがもてると、子どもたちは安心して日々を過ごすことができるのです。

　子どもの年齢が大きければ、担任保育者と実習生とでやり方が多少違っていたとしても、臨機応変に対応することができるようになります。しかし小さい年齢の子どもにとって、いつもと流れややり方が違うということは、不安な気持ちにつながりかねないことなのです。指導上必要である場合を除いては、なるべく日々のルーティンな活動は同じ流れで行われることが望ましいと言えます。

　保育者の視点から考えると、子どもの生活の流れが把握できていれば、スムーズに進むように先の見通しをもって子どもに声をかけたり（「もうすぐお弁当だから、そろそろお片付けだよ」など）、環境を整えたり（お弁当用に机を出す、お茶を用意するなど）ができるようになります。

　以上のような理由から、まずは子どもの生活の流れを捉えることを最優先に、観察していきましょう。

　そして、子どもの生活の流れやそれに対する保育者の援助などを記録し理解することができたなら、実習日誌にはルーティンな活動を毎日同じ言葉で繰り返し書くのではなく、必要に応じて省略するなどしていきます。その分、その日の特別な活動やエピソード、子ども一人ひとりの姿などを記入できるとよいでしょう。

第②部　実習日誌とは

④子どもの姿を捉える

・子どもの全体像を捉える

　子どもの生活の流れをざっと理解したら次は、子どもの姿を捉えていきます。ここで捉える子どもの姿には「集団としての子どもの姿」と「一人ひとりの子どもの姿」があります。

　あなたが実習するクラスは、どのような雰囲気のクラスでしょうか。明るくて元気、物おじせず、人懐っこい、体を動かすことが好きな子が多い、そんなクラスでしょうか。ダンスが好き、歌が好き、絵本が好き……よくよく子どもたちを観察していると、子どもたちの表情や活動への取り組みから、子どもが好んでいることがみえてくるはずです。

　皆さんは保育者として、子どもの好きなことや得意なことを生かしつつ、子どもの課題も意識しながら保育にあたることになります。例えば集団で読む絵本、歌、みんなで踊るダンス、一斉に取り組む製作活動、こういったものを選ぶ際には、「体を動かすことが好きだから、みんなでリズム遊びをしよう」「片付けがまだ習慣づいていないから、片付けがテーマの絵本を読もう」というように、クラスの様子を反映させていくとよいでしょう。

・集団の中の個人を捉える

　次に、集団としての子どもを捉えると同時に、クラスの子ども一人ひとりについても理解を深めていきましょう。

　一斉に活動するときに、子ども一人ひとりに注目してみましょう。なんでも張り切って取り組む子、たいてい最後の方になってしまう子、早いけどそそっかしい子、遅いけど丁寧な子、いろいろな子がいるはずです。「所持品の始末をする」「集まって話を聞く」「絵本をみる」「昼食を食べる」どれも活動だけを捉えれば一言で済むことですが、その中での一人ひとりの取り組み方、できていること、苦手なことなどを丁寧に把握していくとよいでしょう。

　排泄、手洗い、うがい、衣服の着脱などの生活習慣面はどこまで自立できているのか？　年齢が低ければ低いほど、個に応じた援助が求められます。

　どんな活動を好み、どんな活動が苦手なのか？　例えば皆さんが責任実習で製作活動をしようと考えるのならば、クレヨンやのり、ハサミなどの扱い方を丁寧に観察し、個別に援助が必要な子を理解しておくといいでしょう。

・一人ひとりの「好きな遊び」を捉える

　自由に遊んでいる場面では、子どもたちの自発的活動としての遊び＝「好きな遊び」をよく観察しましょう。今、どんな遊びに夢中なのか。その遊びのどこに面白さを感じているのか。その遊びがもっと面白いものになるために、保育者としてどのような声かけ、提案などをすればいいのか、深く捉えていくことが大切です。

　例えば女児数名で「おひめさまごっこ」をしているとします。おままごと用のスカートをはいて、くるくる回って楽しそうに過ごしています。もちろん、そのままで十分楽しい遊びです。

　それに対して保育者は、その遊びがもっと楽しくなるために、その遊びから子どもたちがいろいろな力を身につけられるようにするために、様々なものを準備します。それはお面や衣装を作るための材料、なりきって踊るためのBGMかもしれません。適切な援助ができれば、子どもたちはただ遊んでいるだけなのに、その遊びを通してハサミやのりやテープの使い方、イメージを形にする楽しさ、イメージしたことを言葉で伝えようとすること、困っている友達を手伝おうとする気持ち…様々なことを体験して身につけていくことができるのです。

　子どもたちの「好きな遊び」を捉えることは、子どもたちの育ちや課題を捉え、適切な援助をするために大変重要なことです。子どもたちを傍から観察するだけでなく、一緒に遊んだり生活したりしながら理解を深め、記録に残していきましょう。

⑤保育者の援助を捉える

・保育者の言葉のかけ方、動き方などの技術面
だけでなく、保育者の言葉・動きの裏にある意図を読み取ろう

　生活の流れや、子ども一人ひとりの姿を捉えるとき、同時に保育者の援助もしっかり観察するようにします。

　朝の受け入れの時にはどのような表情、言葉で子どもたちや保護者を迎えているのか。所持品の始末や身支度、排せつなどは個別にどのような声かけ・援助をしているのか。好きな遊びの時間には、どのように子どもたちに関わり、環境を整えているのか。片付けの場面では、全体に対してどのように指示を出し、コーナーごと、あるいは個別にはどのように働きか

けているのか。子ども同士のトラブルが起きた場合、どのように子どもたちと向き合い、援助しているのか。一人でポツンと過ごしている子にはどのように関わっているのか。昼食時には何を配慮しているのか、午睡時は、おやつ時は、降園時の活動は……？

　まずは保育者が、どのようなねらいや願いをもって子どもたちに関わっているのかを考えながら、保育者と子どもとの関わりを中心に観察していきましょう。子どもとの関わりと一口で言っても、一斉活動時のクラス全体への働きかけと、一人ひとりの子どもに対する働きかけでは、ねらいや願いも方法も変わってくるでしょう。

　またクラス全体への援助でも、1日の中では、朝は明るく迎え入れたい、帰りは落ち着いた雰囲気で過ごしたい……など場面に応じてねらうこと、願うことには違いがあるかもしれません。

　同じように子ども一人ひとりに対する援助は、それこそ個性・個人差やその時の子ども自身の気分などがありますから、まるっきり同じことをねらい・願いとしてもちながら援助することはないはずです。ですから皆さんは、子どもと保育者の関わりだけを文字として表すのではなく、その関わりの背後にある保育者の思いや教育的な意図を推察したり、直接質問したりして、日誌に記入していきましょう。

　しっかり観察していると、保育者の援助とは子どもとの関わりだけではないことがわかると思います。子どもが活動しやすいように環境を整えること、子どもの活動に合わせて環境を再構成していくこと、教材を準備すること、ほかの保育者と情報交換し連携を図ること、こういったことも保育する上で重要なことなのです。

　子どもとの直接的な関わり以外の保育者の動きについても、できるだけ記入していくとよいでしょう。

⑥保育環境を捉える
・子どもの活動のしやすさ、安全面など様々な視点から環境を捉えよう
・環境に込められた保育者の意図を読み取ろう

　乳幼児期の子どもの保育・教育は、環境を通して行われます。保育者は、子どもの主体的な活動を保障するために、子ども一人ひとりの行動の理解

と予想に基づき、計画的かつ適切に環境を構成しなければなりません。しかも一度環境を設定すれば終わりなのではなく、子どもの活動に合わせて即興的に環境を再構成しなければいけません。

環境には保育者や子どもなどの人的環境、保育室などの場、遊具や用具などの物的環境がありますが、ここでは物的環境を中心に観察の視点について話をしていきます。

1）保育前の環境構成（図表2-6：保育前の環境図）

子どもを受け入れる前に、多くの保育施設では園庭の固定遊具を中心に安全点検を行ったり、敷地内外の清掃をしたりしています。園庭の固定遊具や三輪車などの遊具の種類、片付け方、植物の配置などを把握すると共に、どういった点に注意を払いながら点検や清掃をしているのかについても、一緒に活動しながら理解していきましょう。

また保育室内においても、どのような遊具や道具が、どのように置かれているのかをまず把握します。子どもの年齢や興味・関心により、置かれているものも置かれ方も様々ですので、しっかり観察してください。

保育前（子どもの受け入れ前）の保育室内の環境構成は、子どもが登園後の諸活動（お便り帳にシールを貼る、所持品の始末をする、着替えるなど）や遊び始めがスムーズにできるよう、テーブルやロッカー、遊びのコーナーなどが設定されていることでしょう。

特に登園後の諸活動は子どもが自分から進んで行えるよう、大きな変化がないように日々設定しているところが多いのではないかと思います。環境に対する園やクラスの先生方の考え方への理解に努め、必要に応じて図にするなど記録の方法を工夫しましょう。皆さん自身が指導する立場に立つときには、観察で得られた情報を参考に、環境を構成していきましょう。

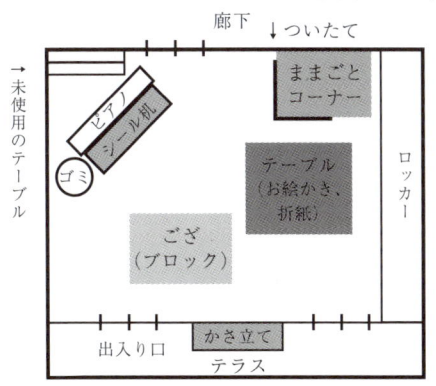

図表2-6　保育前の環境図

- 遊び出しやすいよう、ゴザの上にはブロックが広がっている
- テーブルの上には折紙、お絵描き用の紙、クレヨンが置いてある
- ままごとコーナーはついたてで区切られていて遊びに集中できる
- 雨天時はかさ立てをテラスに設置する

2）保育中の環境構成（図表 2-7、2-8：保育中の環境図①、②）

　おそらくどの幼稚園・保育所でも、朝の登園から降園まで全く同じ環境構成であることはないでしょう。子どもの生活の流れ、子どもの活動の展開に合わせて、保育者は環境を再構成していきます。

　例えば登園時にはお便り帳にシールを貼るための机や、すぐに遊び始められるようにブロックが広がったマットなどが、保育室に設定してあるとします。子どもたちが登園し終えたらシール用の机は必要なくなりますし、ブロックで遊ぶ子どもが見受けられなければ、ブロックを減らしたりマットを片付けたりできます。そしてほかの活動に使うことができるスペースを確保します。

　もともとあるものを片付けたり移動したり、なかったものを新しく出したりしながら、保育者は保育中も常に環境を構成しているのです。

　例えば、子どもたちが砂場で温泉作りを楽しんでいるとします。何度バケツで水を運んでもなかなか温泉らしくなりません。保育者は、砂場の近くにタライを用意し、近くの水道からホースで水を引っぱってきました。

　どのような意図があって保育者はこのような行動をしたのか、そういったことを推察しながら観察できるとよいでしょう。環境構成は、保育者の援助の一つなのです。

3）保育後の環境構成（図表 2-9：保育後の環境図）

　子どもたちが帰った後はまず保育室内外の清掃をするところが多いでしょう。とはいえ、普通に清掃をして元の状態に戻せばいいというものではありません。

　清掃をしながら、その日の子どもの活動の様子を思い出します。どんな遊びが盛り上がったのかというような子どもの実態から、翌日の子どもたちの活動を予測し、翌日の保育の環境構成をしていきます。あるいは保育の計画に従って、翌日予定されている活動に必要な環境を設定していきます。その際、足りないものを補充したり、必要のないものを片付けたり、新しいものを加えたりしていきます。

　環境構成とは朝の保育室の設定だけを指すものではないということが理解できましたか。乳幼児期の子どもが過ごす保育施設には、子どもにとって活動しやすく安全な環境であること、子どもの意欲が高められる環境であること、身近なモノ・コト・ヒトへの興味や関心が喚起される環境であることなどが求められているのです。

図表 2-7　保育中①

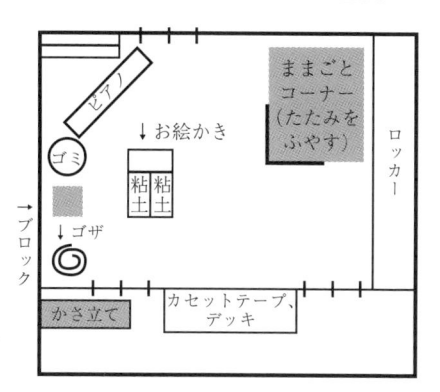

- ブロックで遊ぶ子がいなくなったのでゴザ、ブロックを片づける
- ままごとで遊ぶ子が多かったのでたたみを出しスペースを広げる。ごちそうをテーブルの上に並べて遊べるよう、製作コーナーとわける
- 粘土をしたい子がいたので粘土コーナーを作る
- 動き回る子のためにかさ立てを移動しテラスにリズムコーナーを作る

図表 2-8　保育中②昼食時

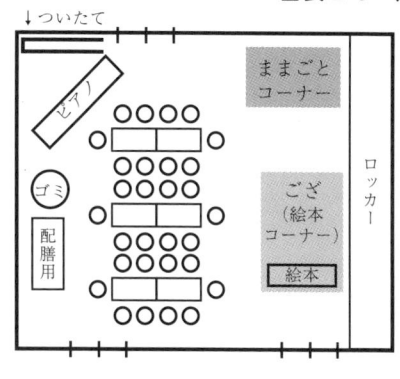

- 30人の子どもたちは6つのテーブルに分かれて座る。机と机の間はじゅうぶんあけた方がよい
- ままごとコーナーのついたてはピアノの後ろに片づける（危険がないように）
- 食後休めるスペースとしてゴザの上に絵本の入ったラックを置く

図表 2-9　保育後

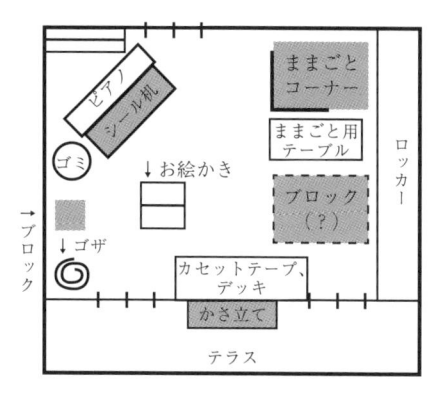

- ブロックで遊ぶ子が少なかったのでゴザとブロックの入れものは保育室のはじへ置いておく。要求があれば入り口付近に設定する
- ままごとが盛り上がったので（パーティーごっこ）、遊びやすいようテーブルを近くに用意しておく
- 雨の予報のためかさ立てを設置しておく。登園が落ちついたらテラスでリズム遊びができるよう、入り口付近にリズム用のテーブル（カセットテープ、デッキ）を置いておく（→テラスに出す）

第2部　実習日誌とは

観察においても、朝の環境構成だけを記録として残すのではなく、物の配置の変化が子どもの活動にどのように影響するのかを意識したり、その環境に込められた保育者の意図を推察したりすることが大切なのです。

⑦実習生の動き・気づき
・保育者をめざすものとして、自分の行動や言動の意図を語ろう

　さて子どもの活動、保育者の援助や環境構成など、様々な角度から保育を観察することができたら、そこから得られた情報や気づき、学びを整理しながら実習日誌の書式に従い、項目ごとに記入していきます。

　その際、横の並び（幼児の活動と、それに対する保育者の援助、それらに対する実習生の気づき）を揃えて書くようにしましょう。

　「実習生の動き・気づき」の欄には、子どもと関わったり、保育者を補助したりという実習生自身の動きについてや、子ども同士の関わりや保育者の援助、環境構成などを観察した中で気づいたこと、感じたこと、考えたことを記入していきます。

　この欄を記入する上で気をつけなければいけないのは、ただの行動記録や感想文にしないということです。自分の行動を時系列に従って羅列する、あるいは自分の感想に終始するのではなく、保育者としての考察を加えながら記入しましょう。

　実習生の動きを記入する場合、「ブロックを片付ける」というような自分の動きに加えて、保育者としての自分の意図や、その動きの結果（子どもの反応など）も合わせて書くようにしましょう。「ほかの子どもが踏んだりつまづいたりすると危ないので、近くにいる子どもたちに声をかけブロックを片付ける」というように、何気なく行っているかのようにみえる様々な援助には、たくさんの意図があるのだということを意識しましょう。

　「絵本を読んでいる時、ふざける子どもが出てしまい困った」のように、自分の気持ちを記入するだけでは、ただの感想文です。しかし「なぜふざける子が出てしまったのか」、「保育者としてどのように対応していけばいいのか」など、感じたことを出発点にして、観察の視点や自分自身の課題などを見出し、文章化していくことができれば、翌日以降の実習につながる素晴らしい記録となるのです。

⑧エピソード記録

・子どもの姿を生き生きと書き表そう
・自分自身が心を動かされた場面を切り取ろう

　日誌の形態によっては、エピソードを記入する欄がある場合があります。エピソード記録とは、その日1日の中で特に印象に残った出来事について、その出来事やそれに関わる子どもや保育者の気持ちなどを推察しながら詳細に記録したものを指します。

　印象に残った子どもの行動、その時の表情やその場で交わされた会話など、子どもの姿を生き生きと表すことができている記録は、その出来事から時間を経てもなお、昨日の出来事のようにその場面を思い出すことができるものです。

　ここで、エピソード記録の実際例として一つ、紹介します。

図表 2-10　エピソード記録の実際例

エピソード事例「手伝って！」

　砂遊びをしているときです。数人の子が砂運びをしていました。何度も往復していると、だんだんほかの子たちも参加し始めました。砂を運ぶ入れ物がバケツからタライ、リアカーへと変わっていきました。

　タライで砂を運ぶには、1人で運べるのはほんの少しですが、男の子4人で運ぶと決め、たくさんの砂を入れました。ほかの子はせっせと砂を運んでいました。4人は一向にやってきません。みると、3歩進んでは休憩、3歩進んでは休憩…を繰り返していたのです。

　私（実習生）は、砂を減らせばいいのではないかと思いましたが、しばらく見守ってみることにしました。すると、1人の子がタライの中の砂を踏み始め、「こうすると軽くなる！」といったのです。4人はタライの中の砂を踏みはじめました。すると……3歩だったのが6歩進めるようになったのです。

　私は言葉の力にびっくりしました。みていてほほえましく、応援したくなる動作でした。言葉やイメージによる力は、子どもに大きな影響を与えるのだと思い、これからは声かけをもっと大事にしていきたいです。

日誌の限りあるスペースの中では、一つひとつの出来事について詳細に記録することは難しい面もあります。Aくんは、Bちゃんは、どんな気持ちだったのだろうとじっくり見つめたり、もっと違う援助の方法があったのではないかと改めて考えたりする機会としても、エピソード記録は有効です。

⑨1日を振り返る

　「1日の保育を振り返って」「反省・考察」「1日のまとめ」など、表記のされ方は異なりますが、その日の保育の中で印象に残ったこと、保育後の反省会で指摘・指導されたこと、それを受けて自分自身が感じたこと、考えたことなどを記入する欄です。

　エピソード記録を記入する欄がなければ、こちらの欄にエピソードを書き、それについて感じたこと、考えたことなどを記入してもよいでしょう。

　その日の、あるいは実習全体の「ねらい」を意識しながら1日を振り返るようにしましょう。自分の反省点や課題、あるいは長所に気づき、翌日以降の実習に活かすようにしましょう。

提出前に……もう一度見直そう

- 誤字・脱字はありませんか
- 日時・天気・出欠席の人数などすべての欄が記入されていますか
- 担任の先生のお名前などに間違いはありませんか
- ペンで記入できていますか。鉛筆の跡は残っていませんか
- 前回修正を受けたこと（用語、漢字の間違いなど）は直っていますか

3. 実習日誌の実際例

図表2-11　実習記録の実際例パターンA

実習記録

実習生氏名　〇〇　〇子　　　　担当指導者　△△　△美　先生

〇月　×日　△曜日	天候　はれ	出勤：〇時〇分	退勤：×時×分
2歳児　うさぎ組	出席18名　欠席2名　合計20名			
本日の実習のねらい	・2歳児の活動の様子や、友だちとの関わり方を知る。 ・子どもの意欲が高まるように言葉のかけ方を工夫する。			

> 観察したいこと、自分が実際にやってみようと思っていることを具体的に書くようにします。

時間	子どもの活動	保育者の援助や留意点	実習生の動き・気づき
	登所（園）してきた子どもから、好きな遊びをする ・お絵かき、ブロック、絵本など	子どもたちがスムーズに遊び始められるように、お絵かきやブロックなどの場を設定している	
	・Aが泣きながら登所	B先生は保護者に代わってAを抱っこして受け入れる	Aは保護者と離れられず泣いてしまっていたので、Aも保護者も安心できるように抱っこして受け入れたのだと思った。仲の良いCがAの頭をなでており、2歳児ながらに友だちを思う気持ちが育っているのだと感じた
9：10	片づける	全体に「片付けだよ」と声をかけ、個別にも声をかけている	お絵かきコーナーの片付けを手伝う。「どこにしまうのかな」と聞くと、元の場所に戻せる子が多くて驚いた
	絵本『おおきなかぶ』をみる ・「うんとこしょ、どっこいしょ」と先生と一緒になって大きな声で言っている子が多い	水道／ままごとコーナー／ロッカー　●先生　〇子ども	セリフを一緒になって言っている子が多かった。子どもたちは「大きなカブ」が大好きで、繰り返しリクエストされていると先生から伺い、好きなお話はたくさん聞いても飽きないのだと分かった
	排泄を済ます 手を洗う	おむつの子にも「トイレに行ってみよう」と声をかけている。トイレの中で様子を見たり衣服の着脱を手伝ったりする先生と、片付けをしたりトイレに誘いかける先生がいる	友だちと一緒だと進んでトイレに行きたがる子が多いのかなと思った。トイレではズボンもパンツも全部脱いでしまう子が多かった
9：30	牛乳を飲み、飲み終わった子から外へ出る 好きな遊びをする ・砂遊び、三輪車、ブランコ、滑り台など	クラスに複数の先生がいる場合、一人の先生に絞って観察するだけでなく、様々な先生の動き方に注目しながら観察してもいいでしょう。	DとEが砂場でごちそう作りをしていたので、一緒にケーキを作った。先生のお誕生日だと言ってくれたので嬉しかった ほかの人の誕生日をお祝いするという経験があり、それが遊びの中に取り入れられているのだとわかった

> 全体の活動の様子だけではなく、必要に応じて子ども一人ひとりの様子を詳しく書きます。

> 子どもの活動の様子や、保育者の援助などから気づいたこと、考えたことは、左欄の時間軸と揃えて書くようにします。

> 一つひとつの遊びが、具体的にどのように展開されているのかを捉えて書きましょう。
・誰が
・どんなふうに（会話、動き、工夫や課題など）

> 「嬉しかった」という感想だけでなく、その場面で気づいたことを具体的に書くようにしましょう。

第②部　実習日誌とは

61

図表 2-12　実習記録の実際例パターンB

実習記録

実習生氏名　○○　○子　　　　担当指導者　△△　△美　先生

○月　×日　△曜日	天候　くもり	○歳児△△組　男児 12 名　女児 12 名　欠席 1 名
保育のねらい	・ハサミの安全な使い方を理解する ・先生や友だちと好きな遊びを楽しむ	
本日の実習のねらい	・子どもに理解しやすい言葉のかけ方を学ぶ ・4歳児の遊びの様子や友達との関わり方を理解する	

> 「保育のねらい」は担任保育者に聞いて書きます。「実習生のねらい」は自分自身が身につけたいこと、知りたいことなどを書きます。

時間	環境構成	子どもの活動	保育者の援助や留意点	実習生の動き・気づき
10:30		●先生の前に集まる Dはトイレで排泄はするが、みんながいなくなってからでないと行きたがらない	手遊びをしながら全員集まるのを待つ。行動が遅めのDに対し、「みんな待ってるからね」と安心できるような声をかける	トイレで排泄、手洗いを見守る。忘れている子には手洗いをするように声をかける。Dは友だちに対する緊張が強いのだろうか。Dのズボンの着脱を手伝うと、「ありがとう」と言ってくれる
10:35	先生↓ （配置図） ←子ども	●絵本『でんしゃにのって』をみる	全員揃ったところで、「はじまるよ」の手遊びをし、絵本に気持ちを集中させる	
10:40	イスは各テーブル4つずつ	●先生の話を聞く	絵本の内容についてや、実際電車に乗ったことがあるかなど子どもたちと話し、次の活動への意欲を高めている	何色の電車に乗りたいか、電車に乗ってどこに行きたいかなど、どんどん話がふくらみ、子どもたちも楽しそうにしている様子が伝わった
10:45		●壁面製作（でんしゃづくり）をする	あらかじめ貼ってあった壁面の線路を示し、みんなで電車を走らせよう！とこれから作る電車をみせる	
		・テーブルにイスを用意した子から、お道具箱のハサミとクレヨンを出して座る	イスとハサミの安全な持ち方について指導する	イスのところに立ち、上手に持っている子どもを褒めるようにすると、周りの子も真似をしはじめた
	色紙（赤、ピンク、黄緑、青、水色、黄色、オレンジ）	・好きな色の色紙を受け取る	いろいろな色の色紙を子どもたちにみせ、好きな色を選ばせる	
	・ハサミで切る赤い線が書いてあり、窓の絵が印刷してあるもの	・赤い線のところをハサミで切る Eはハサミを握りこんでしまい、うまく切ることができない Fは左利きだが、ハサミは右のほうが切りやすいようだ G、Hはとてもスムーズにハサミを使うことができる	ハサミの使い方を確認し、赤い線（直線）を切るように声をかける ハサミの持ち方や切り方については、できていない子に対しては個別に声をかけたり一緒に取り組んだりする	ハサミの使い方に関しては、家庭での経験の差が大きいのだと感じた。できる子とできない子の差が大きいので、一人ひとりの様子を丁寧にみながら声をかけていかなければならないのだと感じた

> 保育者と子どもの位置関係や、保育室内のものの配置をかいておくとよいでしょう。

> 時系列に従って、横をそろえて書くようにします。

> 製作に必要な材料・道具（数量）などを書いておきます。

> 製作に関しては、ある程度図で表すと、どんなものを作ったのかなどわかりやすくなります。

> 個別の姿や、それに対する保育者の援助を捉えて書けるとよいでしょう。

第3部

指導案とは

1. なぜ指導案を作成するのか

（1）指導案を作成する目的

　みなさんは子どもたちと接するとき、元気よく遊んでほしい、お友だちと仲良くしてほしいなど、何かしらの思いをもつと思います。保育者も、子どもたちにこんなふうに育ってほしいという願いをもって日々保育にあたっています。

　その願いを達成し、よりよい保育を行うために、保育の内容や方法を予想して指導案を作成します。子どもの姿を明確にし、必要な経験を積み重ねていけるようにねらいと内容を設定し、環境構成や具体的な援助について計画します。子どもたちがより充実した生活を送ることができるよう、これまでの保育から今日の保育を組み立て、今日の保育を振り返り明日へつなげるために指導案を作成するのです。

（2）保育は計画的に行われている

　幼稚園教育要領では、子どもが自ら周囲の環境と関わり、活動を展開する充実感を十分に味わいながら、発達に必要な体験を重ねていくことを大切にしています。保育所保育指針、幼保連携型認定こども園教育・保育要領も同様です。子どもがその時期にふさわしい生活を展開し、必要な体験を得るために具体的にどのような活動を行っていけばよいのかを明確にするために、計画を立てることが必要となります。

　子どもは、保育所、幼稚園、認定こども園や家庭や地域社会の連続した生活の中で様々な生活経験を積み重ねることで育っていきます。近年、家庭や地域で思いきり遊べる環境が少なくなり、友達と触れ合う機会も少なくなってきています。そのため自然と触れ合ったり、友達と関わったりできる環境を十分に保障することが、保育所・幼稚園・認定こども園の役割として大きくなっています。子どもたちの生活が豊かになるよう、保育は計

画的に行われなくてはならないのです。

　また、幼稚園教育要領、保育所保育指針、幼保連携型認定こども園教育・保育要領には、修了するまでに育てたい子どもの姿を、健康、人間関係、環境、言葉、表現の5つの窓口から示しています。それぞれにこうなって欲しいというねらいと、そのために必要な内容から構成されています。これらのねらいは、幼児期の特徴を踏まえ、2年間あるいは3年間、6年間と園生活が修了するまでに達成することを目的にゆるやかに考えられています。日々の保育もこれらのねらいを意識し、計画的に行われています。

　計画を立てるにあたり、幼児期の特徴を考慮しなくてはなりません。幼児期は、直接的な体験を通して学んでいく時期です。子どもたちは、いろいろなことを知りたがり、試してみようとします。興味をもったことには夢中になって取り組みます。夢中になって主体的に遊ぶ中で様々なことを経験し、育っていきます。その特徴から、小学校以上とは異なり、机を並べて先生から知識や技能を教わるという学びの形はとっていません。

　では、自発的な活動である遊びを中心としたゆるやかな生活の中で、また長い期間をかけて、しかし、修了までにねらいを達成するために、発達に必要な経験を積んでいく計画とは、どのようなものでしょうか。

　一般的発達の道筋と、園のこれまでの子どもたちの姿、そして目の前の子どもたちの姿から子どもたちの興味や関心を見極めます。そして、子どもたちがやりたいと思っていることが実現でき、より楽しめて、その中で必要な経験を積んでいけるような子どもたちの生活を予想し、そこに必要な配慮を考えていきます。

　しかし、立てた計画を予定通りこなすことが目的ではありません。子どもたちの自発的な遊びを中心に保育をしていくのですから、その時の子どもたちの興味や関心から展開する活動が予想通りにはいかず、保育中に計画を修正したり、環境を再構成したりすることもあります。指導案を作成する際に、あらかじめ子どもたちの様々な姿を予想しておくことで、想定外の展開になったときにも柔軟に対応することができるのです。

第❸部　指導案とは

2. 指導計画の位置づけ　長期計画と短期計画

（1）保育所保育指針・幼稚園教育要領・幼保連携型認定こども園教育・保育要領のねらいと園目標、全体的な計画・教育課程

　保育者がもつ、子どもたちにこんなふうに育ってほしいという願いは、経験的にもつだけではなく、各園の保育目標・教育目標と目の前の子どもたちの姿から生まれてくるものです。

　各園の保育目標・教育目標に向かって、入園から修了までどのように保育を進めていくかという道筋を示すものとして、全体的な計画、教育課程があります。保育所保育指針、幼稚園教育要領、幼保連携型認定こども園教育・保育要領に沿って、各園の地域の実態や子どもと家庭の状況を踏まえて編成されます。

図表 3-1　全体的な計画・教育課程とは

全体的な計画	保育所保育指針解説書	「全体的な計画」は、児童福祉法及び関係法令、保育所保育指針、児童の権利に関する条約等と各保育所の保育の方針を踏まえ、入所から就学に至る在籍期間の全体にわたって、保育の目標を達成するために、どのような道筋をたどり、養護と教育が一体となった保育を進めていくのかを示すものである。
	幼保連携型認定こども園教育・保育要領	教育及び保育の内容並びに子育ての支援等に関する全体的な計画とは、教育と保育を一体的に捉え、園児の入園から修了までの在園期間の全体にわたり、幼保連携型認定こども園の目標に向かってどのような過程をたどって教育及び保育を進めていくかを明らかにするものであり、子育ての支援と有機的に連携し、園児の園生活全体を捉え、作成する計画である。
教育課程	幼稚園教育要領解説	教育課程は、幼稚園における教育期間の全体を見通したものであり、幼稚園の教育目標に向かい入園から修了までの期間において、どのような筋道をたどっていくかを明らかにした計画である。

※幼稚園教育要領に示されている「全体的な計画」は、教育課程と預かり保育、保健、安全、食育などのその他の計画を含んだものです。保育所保育指針では、保健、食育計画等は、全体的な計画に基づいて作成されるものとなっています。幼稚園の「全体的な計画」と保育所の「全体的な計画」が示すものは異なります。

　全体的な計画、教育課程ではいずれも、数年単位の大まかな流れが示されており、保育所・幼稚園・認定こども園における保育の全体計画です。

　指導計画には、年間指導計画などの長期の指導計画と、週案・日案などの短期の指導計画があります。指導計画は、全体的な計画、教育課程にそって作成されます。

みなさんが書く責任実習の指導案も、そうした大きな道筋の一部分となるということを理解しておきましょう。実習の時期が、大きな道筋のどのような時期にあるのかを把握しておくことで、保育をより深く学ぶことができます。

（2）指導計画

①長期指導計画

　1年間の生活を見通した計画です。年間指導計画、全体的な計画・教育課程で子どもの発達や生活の節目で区切った期の計画、月案があります。全体的な計画・教育課程にそって園生活を見通しながら、それぞれの時期にふさわしい保育の内容、方法が記されています。子どもの生活と発達、季節を考慮した園行事や地域や家庭との連携についても考慮して計画されています。

②短期指導計画

　長期指導計画をもとに、子どもたちの具体的な生活や遊びの姿に即した計画です。週案や日案、また週案に曜日ごとの1日の流れを記載したり1週間分を1枚にまとめてあるなどの週日案があります。担任保育者が作成します。前週や前日までの子どもの姿を踏まえ、こんなふうに育ってほしい、こんな経験をしてほしいという保育者の願いが込められています。生活の流れやリズムに配慮しながら、子どもたち一人ひとりの興味や関心、遊びへの取り組み、人間関係、生活の姿を考慮して計画されています。また、個人差の大きい乳児の場合や特に配慮の必要がある場合は、グループや個人の計画（個別の指導計画）も作成されます。

図表3-2　指導計画の位置づけ

保育所保育指針	幼保連携型認定こども園 教育・保育要領	幼稚園教育要領	各園の教育目標 建学の精神 子どもの発達の実際 家庭や地域の実態
↓	↓	↓	
全体的な計画		教育課程	
⇅			
長期の指導計画（年間指導計画・月の指導計画など）			← 具体的な子どもの姿
⇅			
短期の指導計画（週案・日案）			

図表3-3　教育課程・年間指導記録・月の指導計画・週案の関係

[イメージ例]

＜教育課程＞3年保育

教育目標	「健康で明るい幼児」を家庭と共に育てる。		
	発達の過程	ねらい	経験してほしい内容
Ⅸ期 4歳児 11月～12月	・友達と一緒に活動する楽しさを感じる時期。 ・やりたい遊びに熱中して取り組むようになる時期。	・友達とかかわり合いながら自分の思いや考えを出して遊ぶ。 ・自分のやりたい遊びに熱中して取り組む。	・気の合う友達とイメージを出し合ったり、役割を決めたりして一緒に遊ぶ。 ・自分の遊びを見付け、試したり、工夫したりして遊ぶ。 ・簡単なルールのある遊びを楽しみ、繰り返して遊ぶ。

↓

＜年間指導計画＞3年保育　4歳児

年間教育目標 4歳児	○自己を発揮し、友達と一緒に生活する楽しさを感じる。 ○いろいろな環境にかかわることを通して、意欲的に活動する。		
	期の生活する姿	ねらい	経験してほしい内容
Ⅸ期 4歳児 11月～12月	○友達と一緒に遊びを進めるようになる時期。 ・自分の考えを出せるようになる反面、友達との衝突も生じることがある。 ・大勢でのゲームなどを喜び、進んで参加するようになる。 ・やりたい遊びに熱中して取り組むようになる時期。 ・自分なりの目当てをもち、遊びが継続するようになる。 ・＜行事＞避難訓練 ・保育参観、保護者面談 ・お楽しみ会、二学期終業式	・気の合う友達とかかわりながらいろいろな遊びに取り組む。 ・自分のイメージをもち、思いを出して遊ぶ。 ・秋の自然に親しみ、自然物を使って遊ぶ。	・自分の思いを出しながら、気の合う友達と一緒に遊ぶ。 ・先生や友達と一緒に、簡単なルールのある遊びを繰り返し楽しむ。 ・かいたりつくったりするなど、自分の興味ある遊びにじっくりと取り組む。 ・木の実・木の葉を使った遊びや飼育栽培などを通して、季節を感じる。 ・先生や保護者と共に年末の大掃除など新しい年を迎える行事を経験する。

↓

＜月の指導計画＞11月

幼児の実態 （10月の幼児の姿）	・レストランやお店などのイメージでごっこ遊びをすることに興味が集中した。気の合う友達と一緒に過ごす楽しさがわかり、友達の後を追ったり言葉や物のやりとりなどをしながら遊んでいる。一方で、自分の思い通りに遊ぼうとするため、遊びの中でトラブルが生じることも目立ってきた。

○ねらい　■内容	環境の構成・教師の援助
○気の合う友達とかかわる中で、自分の思いを出して遊ぶ。 ■気の合う友達と一緒に遊び、遊びの中で自分の思ったことや考えたことなどを言葉や動きで表す。 ■ひょうたん鬼、ドン・じゃんけん、長縄跳びなどを先生と一緒に行う。 ■木の葉をたくさん集めて、見立てたり感	★自分たちで遊びの場を作ったり、つくり替えたりしていくことができるよう、積み木やダンボール箱、一畳敷きじゅうたんなど持ち運び可能な用具を中心に用意する。 ★ごっこ遊びなどを行う中で必要になったものを取り入れたり、自分のイメージに合わせてつくったりしていくことができるよう、幼児の要求に応じて多様な素材を提供できるようにする。 ★長縄跳びやひょうたん鬼などに興味が集まるが、幼児だけでは遊びが続かないことがあるので、教師が加わり、ルールのある遊びを皆でする楽しさを体験できるようにする。 ★紅葉した木の葉や木の実などを幼児が持ち込んだり、園庭でも目にするようになるの

↓

＜週の指導計画＞11月第2週

週のねらい	・友達の得意なことや頑張っていることに気付く。 ・遊びや生活の流れを見通して行動しようとする。
内　容	・友達と同じ目的をもち、考えを出し合って一緒に遊びを進める。 ・使った物や遊びの場などの片付け方を考えて取り組む。
環境の構成・援助のポイント	・教えてあげたい気持ちがあっても表現できず、やって見せたり、やってあげて示す姿になりがちなので、教師が仲介しながら、遊びのコツを言葉で伝えていくことができるようにする。 ・教師も一員として加わる。遊ぶ中で、それぞれの幼児のよさや得意なことを周りの幼児に伝え、友達に対しての見方が広がっていくように援助する。

幼稚園教育指導資料第1集「指導計画の作成と保育の展開」文部科学省、2013、p.19

3．指導案作成のために

（1）実習生の作成する指導案

　ここでは、実習生が部分実習や責任実習で作成する指導案について述べていきます。本来、初めに子どもの姿があり、そこからこうなってほしい、こんな経験をしてほしいというねらいが生まれ、内容、そして活動が考えられます。しかし、2週間から4週間ほどしか連続して一緒に過ごさない実習生が、限られた時間の中で本来のやり方で指導案を作成するのは困難なことです。実習生が作成する場合は、まず一般的な子どもの姿から予想したり、暫定的に活動から考えたりすることも必要になってきます。実習が始まってからそれらを実際の子どもの姿と照らし合わせて修正したり、考え直したりしていきます。

（2）指導案作成の前に（確認しておくこと）

①実習が始まる前に

　皆さんが作成する部分の指導案や日案は、前日までの子どもの姿を踏まえて作成されるべきものです。しかし、事前訪問にうかがった時に、実習初日までに用意するようご指示いただくこともよくあります。また、実習中に記録簿を書きながら、指導案を一から作成するのはとても大変です。責任実習をさせていただくクラスが決まったら、実習に入る前に前もっていくつか作成しておくのがよいでしょう。

　どんな子どもたちなのか、どんな遊びが好きなのかわからないわけですから、これまでの授業で学んだ子どもの発達を参考に、その年齢の一般的な姿から考えます。主活動については、製作、音楽やリズム、ゲーム、運動の4種類、あるいはそれらを組み合わせたものを考えておくと安心です。季節について考慮するのもよいでしょうし、自分が得意なことを生かすのもよいでしょう。また、作成したものをグループで持ち寄り、共有しておく

と選択の幅が広がり、余裕をもって実習に臨むことができます。自分と違う発想を取り込んでおくことで、実習が始まってから柔軟に対応することができます。

②実習が始まったら

あらかじめ作成した指導案の中から、子どもの姿に合わせて選んだり、修正したりします。実際の子どもの姿は、第2部で詳しく述べてある通り、みなさんの日々の実習日誌に記録されているはずです。これまでの実習日誌に記されている子どもの姿を見返して、照らし合わせて考えてみましょう。

時には、潔く一から考え直すということもあると思っていてください。子どもたちと出会って、予想と違ってこんなこともできるのかとびっくりしたり、こんなことを面白がるのかと発見したりすることがあるはずです。これまで述べてきたように、活動をさせるための指導案ではありません。やりたくなってしまう、自発的活動である遊びを予想して計画するのですから、あらかじめ考えて用意した指導案が、目の前の子どもたちの興味や関心と合わない場合も当然あり得ることです。しかし、前もって考えたことで、子どもたちの姿をより深くみられるようになっているはずです。がっかりしないで頑張りましょう。

活動内容が決まり修正が終わったら、担任保育者に相談します。実習が始まってから、皆さんが捉えた子どもの姿と照らし合わせながら、こんな願いをもったので、こんな活動にしたいと言えるようにしましょう。

自分が考えた活動に関連する子どもたちのこれまでの経験、例えばハサミはよく使うのか、鬼ごっこはどんなものをやってきたのかなどについてもうかがいます。これまでの経験によって、同じ年齢でもできることは大きく変わってきます。こんなことを楽しんでほしい、こんな体験をしてほしいという願いを担任保育者に伝えることができれば、どこまで事前に準備すればよいのか具体的にご指導いただけるでしょう。また、同じように楽しめるほかの活動を提案していただけるかもしれません。

当日使用できる場所についても確認します。戸外での活動を予定している場合は、雨天時についても考える必要があります。

みなさんが担当する1日や時間は、実習生にとっては特別な時間ですが、子どもたちにとっては一連の生活の中の一部分です。その週の過ごし方や前後の日に予定している活動など、担任保育者の計画についてもうかがっ

て、相談しましょう。週案をみせていただけるのであれば、みせていただくとよいでしょう。

（3）指導案作成の流れ

計画を基に実践し、その時の子どもの姿から計画を反省して次の計画を作成するという一連の流れを、PDCAサイクルといいます。計画（PLAN）、実践（DO）、評価・反省（CHECK）、修正そして新たな実践（ACTION）につながります。

指導計画は、それまでの実践の反省と、目の前の子どもの実情に合わせ作成されます。園の保育の基本となる教育課程は、数年単位で子どもの実情と社会の変化に合わせて見直されています。長期指導計画は、1年単位で前年度の子どもの姿をもとに作成されています。短期指導計画である週案・日案は1週間、1日という単位で前週の子どもの姿や前日の子どもの姿をもとに計画します。

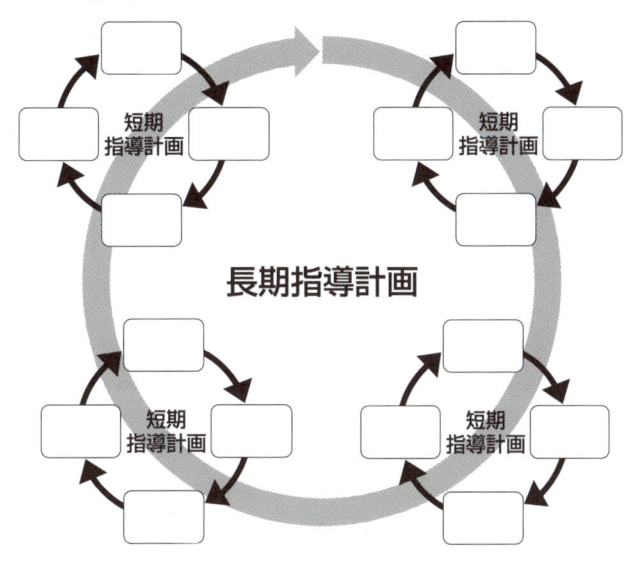

図表3-4　大きなサイクルと小さなサイクル

長期指導計画／短期指導計画

この一連の流れは、教育課程という大きな計画でも、日案という日々の計画でも同じです。さらに、保育中にも目の前の子どもたちの反応をみながら微修正しています。子どもとのやり取りの中から援助方法を工夫したり、環境を再構成したりしています。大きなPDCAサイクルの中にいくつ

もの小さなPDCAサイクルがあるのです。つまり、日々反省・評価、修正されながら作られた1か月分の毎日の日案を基に新たな月案が作成され、毎月反省・評価、修正された1年分の月案を基に翌年の年間指導計画を作成しているというわけです。

実習生が作成する指導案も同じ流れで作成します。実習前に作成した指導案を、これまでの実習で理解した子どもの姿と保育者の援助、環境構成を基に修正し、指導案を完成させます。その際、日々の実習日誌に記録したことを参考にしましょう。

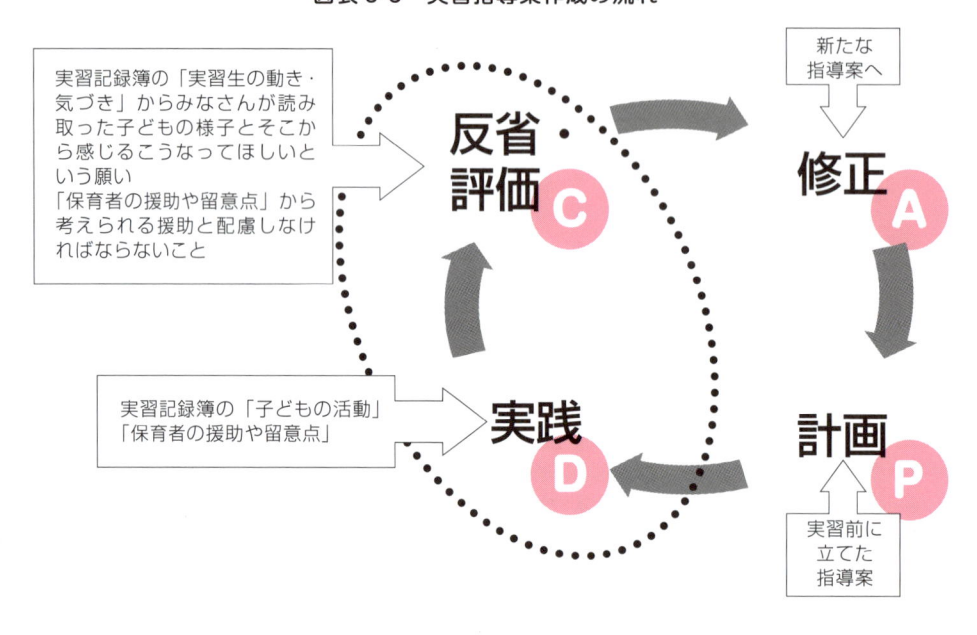

図表3-5　実習指導案作成の流れ

（4）指導案を作成する

①子どもの姿

PDCAサイクルからわかるように、実際の子どもの姿を基に反省・評価をして作成するため、子どもの姿の欄から記入します。

子どもたちは1日の中で様々な顔をみせます。一人ひとり個性もいろいろあります。しかし、指導案の子どもの姿のスペースは小さなものです。前日までの沢山の子どもの姿から、特徴的な姿を捉えます。

生活、遊び、クラスの活動、人との関わりについてどのような様子であるのか、興味や関心は何か、について考えるとよいでしょう。生活では、

1日の流れがわかっているか、身支度や持ち物の始末、片づけ、食事の準備、排泄や手洗いなどについて特徴的なことを押さえましょう。遊びでは、興味や関心のあることについて把握しましょう。どんな遊びを楽しんでいるでしょうか。1人の場合、友達と一緒の場合の両方から考えてみましょう。クラスの活動では、クラスみんなで一緒に遊ぶ時や、集まりの場合の様子を想起します。人との関わりでは、遊びを中心に様々な場面での友達との関わりを考えてみましょう。低年齢児の場合には保育者との関わりが中心になるでしょう。

　実習前に作成する場合は、一般的な発達の姿や園生活を基に想像して記入します。その年齢の一般的な発達の姿と、5領域の5つの窓口の両方から子どもの様子を考えます。生活の場面だったら？　遊びやクラスでの活動だったら？　そしてその時に友達や保育者との関わりは？　とそれぞれの場面について、一般的な発達の姿と5領域の5つの窓口から具体的に想像してみましょう。その際、ねらいにつながることを意識するとよいでしょう。実習が始まったら、実際の子どもたちに合わせて修正します。

　部分実習の場合は、その活動における子どもの姿を書きます。降園時ならば、降園時の子どもの様子を記入します。帰りの会で集まった時の様子はどうでしょうか。集まったらどんなことをしているでしょうか。歌を歌うかもしれません。絵本をみるかもしれません。保育者の話は聞くことになりますね。身支度はどうでしょう。具体的な活動を思い出して（あるいは想像して）みましょう。多くの子どもたちに当てはまる姿を捉えて簡潔に記入します。

　指導案例の子どもの姿をみてみましょう。日案では、生活のこと、遊びのこと、人との関わりがコンパクトに表されていますね。部分案では、その部分に関する子どもの様子と興味や関心について記されています。

---

p.87　部分実習指導案（3歳児・降園時・絵本）幼児の姿
・毎日の降園時の活動を楽しみにしており、保育者の絵本や紙芝居に興味をもっている。
・帰りの身支度はマイペースに行う子が多いが、早く並びたくて急いで雑になってしまう子がいる。

p.143　幼稚園実習指導案（5歳児）の幼児の姿
・幼稚園での1日の生活の見通しをもち、自分たちのやりたい遊びに取り組むようになっていきている。
・友だちで誘い合って遊び始めるが、遊びのイメージの違いによってもめごとになることがある。意見を言わずに黙って抜ける姿もみられる。

図表 3-6　実習指導案の形式例

実習指導案（○歳児）

実習実施日	
○歳児□組　　　男児△人　女児△人	実習者氏名

幼児の姿	ねらい・内容	○ ・ ・
	主な活動	

幼児の姿欄：最初に記入します。生活・遊び・人との関わりとその中での興味や関心について捉えましょう。

ねらい・内容欄：
○ こうなって欲しいという心情・意欲・態度を表す言葉が入ります。
・ねらいを達成するために子どもたちが経験することが入ります。

主な活動欄：
× 〜を作ろう。〜で遊ぼう。
○ 〜を作る。〜をする。

時間	環境構成	予想される幼児の活動	保育者の援助

時間欄：細かく書きません。おおまかに、活動ごとに書きます。

環境構成欄：これまでの子どもの姿から、子どもたちが関わりたくなるような場や遊具、用具を用意します。
みなさんの願いがこめられたものになります。
場を図示します。
安全面の配慮、その場をどんな雰囲気にしたいのかもここに入ります。

予想される幼児の活動欄：実習記録簿の子どもの活動欄を参考に、子どもたちがやりたいと思って遊んだり、取り組んだりする姿を予想します。

保育者の援助欄：遊びが楽しくなる関わり、安心して生活できる援助やそのために子どもに伝えなければならないことなどが入ります。

環境構成と保育者の援助が同じ欄の場合は、合わせて記入します。
環境構成の欄がない場合には、保育者の援助の中に含みます。

②ねらいと内容
ア．ねらい

　これまで、皆さんが観察で保育所や幼稚園を訪れた時を思い出してみましょう。実際に子どもたちと出会って、どんなことを感じましたか。今日みたいに明日も元気よく遊んでほしい、友だちと仲良く遊んでほしい、嫌いな食べ物も少しは食べてみてほしい、保育者に頼らないで自分でズボンが履けるようになってほしい……など何かしら感じるものです。そういったことが子どもに対する願いであり、ねらいにつながります。

　ここで、幼児期に育みたい資質・能力について確認しておきましょう。平成30年版の保育所保育指針、幼稚園教育要領、幼保連携型認定こども園教育・保育要領では、生きる力の基礎を育むために、幼児期において育みたい資質・能力として、「知識及び技能の基礎」「思考力、判断力、表現力等の基礎」「学びに向かう力、人間性等」の3つを、5領域を踏まえて総合的に育むことが目指されています。そうして日々育まれ、卒園が近くなったころの立派に成長した年長児の子どもの姿を整理したものが「幼児期の終わりまでに育ってほしい姿」です。

　育みたい資質能力のうち、「学びに向かう力、人間性等」は「基礎」と表記されていませんね。これは、これまでの幼児期の教育において長い間大切にされ、乳児期から育まれているものだからです。そのため「基礎」という言葉はついていません。では、「学びに向かう力、人間性等」とはどのようなことでしょうか。これは、「心情、意欲、態度が育つ中で、よりよい生活を営もうとする」ことです。幼児期の教育では、この心情、意欲、態度を育てることを長い間大切にしてきました。それは現在でもかわりありません。

　さて、ねらいの話にもどります。幼稚園教育要領解説に『幼児が生活を通して発達していく姿を踏まえ、幼稚園教育において育みたい資質・能力を幼児の生活する姿から捉えたものを「ねらい」とし、それを達成するために教師が幼児の発達の実情を踏まえながら指導し、幼児が身に付けていくことが望まれるものを「内容」としたものである』とあります。保育所保育指針にも同様のことが記載されています。

　幼稚園や保育所では、意図的に教育が行われています。そのねらいは、育みたい資質・能力を育むことでありますが、特別なものではなく、皆さんが自らの経験から子どもたちに対して自然に想う願いも含まれているのです。

では、幼稚園教育要領、保育所保育指針、幼保連携型認定こども園教育・保育要領のねらいを確認してみましょう。

子どもたちの発達に必要な経験を偏らずに総合的に捉えられるように5つの視点から示されています。5領域それぞれのねらいは、心情、意欲、態度の順で示されています。

指導計画のところで取り上げたように、各園の教育課程、全体的な計画

図表 3-7　3歳以上児の5領域のねらい

健　康	1. 明るく伸び伸びと行動し、充実感を味わう。(心情) 2. 自分の体を十分に動かし、進んで運動しようとする。(意欲) 3. 健康、安全な生活に必要な習慣や態度を身に付け、見通しをもって行動する。(態度)
人間関係	1. 幼稚園（保育所・幼保連携型認定こども園）生活を楽しみ、自分の力で行動することの充実感を味わう。(心情) 2. 身近な人と親しみ、関わりを深め、工夫したり、協力したりして一緒に活動する楽しさを味わい、愛情や信頼感をもつ。(意欲) 3. 社会生活における望ましい習慣や態度を身に付ける。(態度)
環　境	1. 身近な環境に親しみ、自然と触れ合う中で様々な事象に興味や関心をもつ。(心情) 2. 身近な環境に自分から関わり、発見を楽しんだり、考えたりし、それを生活に取り入れようとする。(意欲) 3. 身近な事象を見たり、考えたり、扱ったりする中で、物の性質や数量、文字などに対する感覚を豊かにする。(態度)
言　葉	1. 自分の気持ちを言葉で表現する楽しさを味わう。(心情) 2. 人の言葉や話などをよく聞き、自分の経験したことや考えたことを話し、伝え合う喜びを味わう。(意欲) 3. 日常生活に必要な言葉が分かるようになるとともに、絵本や物語などに親しみ、言葉に対する感覚を豊かにし、先生（保育士等・保育教諭等）や友達と心を通わせる。(態度)
表　現	1. いろいろなものの美しさなどに対する豊かな感性をもつ。(心情) 2. 感じたことや考えたことを自分なりに表現して楽しむ。(意欲) 3. 生活の中でイメージを豊かにし、様々な表現を楽しむ。(態度)

図表 3-8　心情・意欲・態度とは

心　情	感情を基本とした心のあり方	人や物に対していだく心のなかの思い、気持ち
意　欲	それが外に向かってやってみたいこととなって、子どもが活発に遊び、生活していくこと	みずからの意思によって積極的に何かをしようと思う気持ち
態　度	それを安定して能動的に持続させる力の基礎となるもの	状況に対応してみずからの感情や意志を体や言葉で表したもの、あるいはものごとに対する心的な構えと運動的な構え

無藤隆 2014　　　　　　開仁志 2008

は、それぞれ幼稚園教育要領、保育所保育指針、幼保連携型認定こども園教育・保育要領を基に作られています。そして、各園の教育課程、全体的な計画を基に日々の日案が作成されています。皆さんの責任実習も園の1日ですから、もとをたどれば5領域のねらいにつながっているのです。指導案を作成する際には5領域のねらいを参考にします。実習園の月案や教育課程をみせていただける場合は、もちろんそれらを参考にしてください。

ねらいを考えるときには、はじめにみなさんの捉えた子どもの姿を一般的な発達の姿と照らし合わせてみましょう。漠然と感じていた願いが見通しをもったものになるはずです。すると、次はこうなってほしいという願いが明確になります。それを5領域のねらいと照らし合わせて確認し、具体的な育てたい姿を表します。これが指導案にみなさんが書くねらいになります。

指導案例のねらいをみてみましょう。指導案例には年齢によるねらいのちがいも示されているので参考にしてください。

皆さんが書いたねらいは子どもが主語になっていますか。文の最後が心情、意欲、態度を表す言葉になっていますか。確認してみましょう。また、前日の日案のねらいやその週の週案のねらいとつながっています。これまでの実習記録簿を振り返って確認してみましょう。

保育所の日案、また部分案でも乳児の場合には、養護に関わるねらいも記入します。養護とは、「子どもの生命の保持および情緒の安定を図るために保育士等が行う援助や関わり」です。したがって、養護のねらいは保育士が主語の文章になります。保育所保育指針の「養護に関わるねらい及び内容」を参考にしましょう。

イ．内容

ねらいを達成するために、子どもたちが経験することが内容です。経験を積み重ねることによってねらいを達成するために必要なことを身に付けていきます。

保育所保育指針には『「ねらい」を達成するために、子どもの生活やその状況に応じて保育士等が適切に行う事項と、保育士等が援助して子どもが環境に関わって経験する事項を示したものである』、幼稚園教育要領には『内容は、ねらいを達成するために指導する事項』、さらに『内容は、幼児が環境にかかわって展開する具体的な活動を通して総合的に指導されるものである』と示されています。

保育所保育指針、幼稚園教育要領、幼保連携型認定こども園教育・保育

要領のねらいの後に示されている内容を確認してみましょう。具体的にやることと、そこで得られる経験が書かれていますね。経験することの言葉の使い方や、そこで得られる心の動きの書き方など、指針や要領を参考にして作成してください。保育所の日案、また部分案でも乳児の場合には、ねらいと同様に養護の内容も記入します。

指導案例のねらいと内容をみてみましょう。

「好きな遊びをみつけて楽しく過ごす」（ねらい）を達成するために、先生と一緒に安心して過ごしたり、好きな遊びをしたり、あるいは子どもたちが意欲をもって関わるだろうと予想して、保育者が設定した水遊びやペープサートをみんなで楽しんだりします。

> p.131　幼稚園実習指導案（3歳児）のねらい・内容
> ○好きな遊びをみつけて楽しく過ごす。
> ・先生と一緒に安心して過ごす。
> ・好きな遊びや水遊びを楽しむ。
> ・ペープサート「ハメハメハ大王」をみて楽しむ。

「いろいろな素材に触れ楽しく作る」（ねらい）を達成するために、この時間ではどんぐりマラカスを作ることで、どんぐり、ペットボトル、缶、様々な飾り、貼りつけるためのセロハンテープなど、いろいろな素材に触れる経験をします。

> p.90　部分実習指導案（4歳児・製作活動・どんぐりマラカス）のねらい・内容
> ○いろいろな素材に触れ楽しく作る。
> ・どんぐりマラカスの音を確かめながら作る。
> ・いろいろな素材を選んで飾りをつけて楽しむ。

日案よりも部分案のほうが、ねらいも内容もより具体的になっています。

指導案例にあるように、昨日までの子どもの姿から、子どもたちが楽しみにしていることや興味や関心のあることを中心に、保育者が今の子どもの状況にはこんな経験をしてほしい、あるいは今の季節に楽しんでほしいといった保育者の願いがこめられています。しかし実習生は、子どもと出会う前に活動を決めなくてはならないこともあります。

例えば、あらかじめどんぐりマラカスを作ることを計画したとします。マラカスを作ることでどんな経験をすることができるのか、保育所保育指針、幼稚園教育要領、幼保連携型認定こども園教育・保育要領を参考に考えます。どんぐりに興味をもってほしいのか、自分なりに工夫し飾り付けをしてほしいのか、セロハンテープやハサミなど道具の使い方を知ってほしいのか、作ったマラカスで音を鳴らすことを楽しんでほしいのかなど、できる限り沢山考えましょう。実習が始まったら、考えた具体的に経験できる事柄のうち、特に今回はどの部分が目の前の子どもたちの発達に必要な経験なのか判断します。どの部分を中心に指導していくのか、子どもたちに出会ってから修正しましょう。

　ねらい・内容のほかに「主な活動」の欄がある場合には、内容で示した事柄をどのような活動の中で経験できるのか、さらに具体的な活動として記入します。今の子どもの姿から、クラスみんなに経験して欲しい、クラスみんなが意欲をもって関わるだろうと保育者が考えて設定した活動になります。指導案例では、水遊びやどんぐりマラカスがそれにあたります。

　「主な活動」は実際にやることが書かれるわけですから、「水遊びをする」や「どんぐりマラカスを作る」というように〜するという言葉が入ります。「〜を作ろう」や「〜を楽しもう」にはなりません。

③予想される子どもの活動

　内容で示した事柄を、具体的に時間を追って示したのもが予想される子どもの活動です。保育所や幼稚園、幼保連携型認定こども園での生活は、見通しをもって安心して過ごせるように毎日同じような流れで進みます。登園から降園までの流れは、これまでの実習で観察しましたね。例えば登園時の身支度や、昼食時の準備など生活に関する活動では、そのクラスで決まった手順があります。実習記録簿を見返してみましょう。

　そうして予想した子どもの動きと、内容で示した経験を積んでいってほしいという保育者（実習生）の願いの両方から、子どもの活動を予想します。大項目を〇、小項目を・で表すとよいでしょう。

　これまでの子どもの姿から、子どもが自発的に取り組む発達に必要な経験を考えて立てられたねらい・内容を基に、子どもの活動を予想するわけですから、「〜できない子がいる」とできない姿ばかりが思い浮かんだ場合は、今の子どもたちの発達に合った活動ではないということになります。多くの子どもたちができないと予想される場合は、もう一度ねらい・内容

をよく読み、活動のあり方を考え直しましょう。

　はじめに、クラスの子どもたちがおおむねどんな様子であるのかを子どもの姿の欄に記入しましたね。一人ひとりを思い浮かべながらも、集団として主体的に活動する様子を予想します。「～できない子がいる」と思い浮かぶのが、特定の子どもであって特別な配慮が必要な場合や、年齢が低く個人差が大きい場合には、クラスの指導案とは別にその子にあった個別の指導計画を立てる必要があります。

　クラス全体で経験する活動については、導入、展開、まとめの順で子どもたちの様子を具体的に記入します。子どもの興味や関心とかけ離れた活動にはなっていませんか。こんな経験をしてほしいと願う姿になっていますか。内容で示した事柄を意識して作成しましょう。

　好きな遊びについては、昨日の続きをやるだろうというところから出発し、さらに発展する様子、あるいは収束する様子を思い浮かべながら遊びの名前を記入します。遊びの様子まで具体的に記入する場合には、遊びごとに示すだけでなく、室内と戸外などの場所ごとに示したり、またすべてに共通する人間関係や物の使い方などについては、まとめて記入したり限りあるスペースで収まるよう工夫してください。

④環境構成

　ねらいと内容が達成されることを目指して、子どもたちの成長に意味のある状況をつくることが環境の構成です。興味や関心をもって関わりたくなるように、動きやすくなるように、必要なことを文字と図で表します。物の配置だけでなく、保育者やまわりの友だちとの関わりの中でどのような時間を過ごすのか、どのような雰囲気で過ごすのかということも含まれます。また、遊びの展開に応じて場を整理するなどの、環境の再構成に関する配慮もここに記入します。

　皆さんが指導案に記入する際には、遊具や用具などの物的環境、時間に関すること、場や空間に関することについて書くとよいでしょう。その際、安全面についても意識してください。

　クラス全体で経験する主な活動については、子どもの座る位置と保育者（実習生）の立ち位置、準備するものとその数、物の配置など具体的に記入します。

　興味や関心をもったらやってみたくなる、試してみたくなるのが乳幼児期の子どもたちです。保育は、そうした自発的な経験を積むことで様々な

ことを学んでいくという子どもたちの特性を踏まえ、環境を通して行うものです。子どもたちが自発的に行動できる環境になっていますか。みなさんの願いが込められた環境になっていますか。確認してみましょう。

環境構成は、ねらいが達成されるように保育者が構成するものですから、保育者の間接的な援助です。したがって、環境構成と保育者の援助と留意点が同じ欄の場合もあります。

⑤保育者の援助と留意点

子どもが環境に関わって、興味や関心をもって遊んでいる遊びが、より豊かになるように支えること、また、遊びや生活の中で、一人ひとりが体験していることが、発達に必要な経験となるよう関わることなど、保育中に保育者のやることすべてが保育者の援助です。子どもに直接関わること以外にも、保育者同士の連携や保護者に関わることも含まれます。

子どもに対する保育者の役割には、心のよりどころとしての存在、活動の理解者、共同作業者、モデル、遊びの援助者などがあります。その役割を担うために、触れる、見守る、聴く、認める、励ます、子どもの気持ちを言葉にして表す、仲立ちする、提案する、関係づけるなどを行います。子どもたちが必要な時に必要な援助を行うことが大切です。

指導案作成の際には、生活や好きな遊びの場面では、予想される子どもの活動にそって、そこで起こり得ることを想定し、必要と思われる援助を記入します。クラス全体で経験する活動では、導入、展開、まとめの場面のそれぞれについて、子どもたちが活動を理解し、興味をもって関わることができるような援助を記入します。楽しく取り組めるように、手順をどう説明したらよいでしょうか。活動が始まったら、どのような雰囲気で取り組みたいですか。個別の対応はどうしますか。活動の終わりには満足感や達成感を感じてほしいですね。どのような言葉をかけますか。子どもたちの興味が途切れないよう、必要な時に適切に一人ひとりに対応できるよう、子どもの様子を細かく予想しながら考えましょう。

細かく予想して適切な援助を考えた結果、台本のようにセリフが並んだ指導案を書いてしまう実習生がいます。しかし、実際には予想と違った反応が返ってきたり、思わぬ展開になったりする場合のほうが多いでしょう。

第❸部 指導案とは

台本のようにセリフを書くと、その言葉や、言葉の順番にとらわれて臨機応変に対応できなくなります。キーになる言葉以外、実習生が話す言葉を書くのはやめましょう。子どもたちとのやり取りの中で、一緒に活動をつくり上げていくのです。自分の思う通りに活動がうまく流れていくことが目的ではありません。あらかじめ様々なことを予想した結果、大切なことを見落とさずに、予想以外のことにも臨機応変に対応できるようになりますので、沢山の場面をイメージすることは大切です。ねらいを達成できるように、子どもたちにどんな経験を積んでほしいのかということを忘れないようにしていれば、その場に必要な対応ができるはずです。

保育者の援助を表す主な言葉は、以下のようなものがあります。子どもの主体的な活動が基本ですから、「〜させる」という言葉は必要な時以外はあまり使いません。実際の場面に即した保育者の援助を表す言葉については、指導案例を参考にしてくだい。

図表3-9　援助を表す主な言葉

心のよりどころ	見守る　受け止める　代弁する　待つ　触れる　聴く
理解者・共同作業者	ほめる　認める　励ます　一緒に喜ぶ　共感する　参加する
モデル・遊びの援助者	提案する　話題にする　率先して〜する　問いかける　仲立ちする　関係づける
全　般	〜できるようにする　〜できるように関わる　促す　伝える 説明する　誘う　手伝う　配慮する　援助する　支える　心がける 工夫する　声をかける　知らせる　確認する　用意する

⑥「好きな遊び」の書き方

実習生にとっては、責任実習の主活動が気になるところですが、好きな遊びの時間はとても大切です。子どもたちが、自らやりたいことを好きな友だちと一緒に展開させていきます。やりたいと思って意欲的に取り組む中で、試行錯誤をしたり、友だちに自分の考えを伝えたり、友だちの意見を受け入れたり、時にはぶつかったりという貴重な経験を積んでいきます。こうした経験により、興味や関心が広がり、好奇心や探求心をもって様々な事象に関わるようになります。

しかし、一見楽しそうに遊んでいるようでも、実は手持ち無沙汰であったり、自分の思いを発揮できずに、つまらない気持ちで過ごしている子ど

もがいたりする場合もあります。好きな遊びでは、遊びがより楽しくなるように支える援助と、その中で一人ひとりが充実して過ごせるよう、個々に応じた援助の両方が必要です。

　子どもたちが自発的に行っている遊びですから、子どもたちの遊びをよく観察しなくてはなりません。何に興味をもっているのか、何が楽しいポイントなのか、そこでの人間関係はどうかなどを見極め、適切な援助を行う必要があります。時には、新たな興味や関心がもてるよう、マンネリ化している遊びを収束させる場合もあります。別々に遊んでいるグループをつなげたり、あるいはあえて別れるような関わりをすることもあります。

　指導案に記入する場合は、これまでの遊びの続きから予想される遊びとそのメンバーをあげ、まず、その遊びがより楽しくなる素材や用具、場を用意したり、または整理したりすることを考えます。次にその遊びで自己を十分に発揮できるよう一人ひとりに対する援助を考えます。

　好きな遊びは生活の流れの中で行われているので、クラス全体で経験する主な活動や行事、他クラスの遊びなどの影響があります。好きな遊びを充実させるには、好きな遊びとクラス全体の活動との関係が大切になってきます。子どもたちの興味や関心の欲求と、ぴったり合ったクラスの活動を行った場合は、その後、好きな遊びの中で子どもたち自らが遊びを発展させていくでしょう。反対に、子どもたちの間で流行っている遊びをクラスの活動で行い、より楽しく興味や関心が広がるような提案を、保育者がすることもあります。時には、一人の子の遊びをクラスに広げ、その子のよいところを知ってもらう機会とすることもあります。

　好きな遊びと、クラス全体で経験する活動とが相互に影響しながら充実すると、とても豊かで楽しい生活になります。

第❸部　指導案とは

4．部分実習指導案

（1）部分実習の概要

　部分実習とは1日の活動のうちのある部分について、実習生が保育の目的、内容を含めて考え、構成する実習のことをさします。指導案を作成し、実習先の担当保育者に直接ご指導をいただきながら、立案、実践していきます。

　多くの場合、部分実習は全日、または1日の大部分を担う責任実習を実施する前の導入として、何度かに分けて行われます。指導案の提出が求められないこともあります。また、園の方針や実習の時期により、全日実習が実習内容として設定できない場合に、総仕上げの実習として実施されることもあります。

　部分実習の部分とは、1日の保育の流れの一部分のことです。保育の活動は、大きく次のパーツに分けることができます。部分実習は、こうした活動や生活場面の保育内容をピンポイントで担当します。

（1）受け入れ
（2）午前の遊び
（3）朝の活動・集まり
（4）主な活動
（5）昼食
（6）午睡（保育所）
（7）午後の遊び
（8）帰りの活動・集まり
（9）合同保育（保育所）
（10）行事
（11）生活習慣（手洗い・排泄・着替えなど）

（2）部分実習で行われていることの参考例

　部分実習指導案例については、降園時、運動遊びといった活動ごとに例示し、それぞれの活動の年齢に適した配慮やねらいを紹介しています。

まずは「降園時」の絵本の読み聞かせです。3歳の展開例を紹介しています。次は多くの実習生が経験するであろう製作の展開例、4歳児「どんぐりマラカス」です。製作できるようになる2歳から5歳までのねらいもあわせて紹介しています。次は音楽です。イメージ豊かに歌えるような導入や、環境構成などを参考にしてください。また、形式違いの指導案例も載せています。ゲームでは「しっぽ取り」「ボール運びリレー」を通して、ルールを理解することや集団遊びの楽しさに配慮した展開例を示しています。次に、近年増えてきた異年齢での活動を「葉っぱのこすり出し」で紹介しています。

　最後に生活場面の指導案例として、「食事の介助」また「午睡」の展開例を年齢に適したねらいと共に示していますので参考にしてください。

（3）部分実習指導案作成のポイント

　部分実習を立案する時に、配慮する点としては次のことがあります。

① 1日の流れを考慮して、構成すること

　クラスの活動の流れを止めないように、つなぎの部分を考慮して構成します。立案する時に始めに考慮することとして、1日の中の「いつ」そして「どのくらい」できるかといった時間が重要で、与えられた時間の範囲内で展開できるように構成します。こうした実施時間については、クラスのデイリープログラムや前日までの時間配分が参考になります。

　また、活動の内容として、年齢や時期に適した内容を考えることが大切ですが、特に1日の流れが分断されないように、前の活動からどのようにつながり、後の活動へどのようにつなげていくかを考慮し構成します。

② 活動については、園の計画に適した内容を心がけること

　実習が始まる前にあらかじめ考えておいた活動内容が、園の方針にそぐわなかったり、時期として適切でなかったり、また似た内容をすでに実施しているということもあります。先に述べたように保育は計画に基づいて構成されており、実習は全体計画の中の一部となります。そのため、担当保育者の助言に従い、園の計画に適した内容を実施することが必要です。

　次ページ以降に、年齢、時期、活動や生活に即した指導案例を掲載しています。参考にしてください。

年齢によるねらいの違い
降園時編

2〜3歳児 気持ちよく一日を終わる

2、3歳児クラスは保育者を中心に進める降園時の活動が多くなります。絵本や紙芝居などを楽しみ、1日の間にいろいろなことがあっても最後は楽しく機嫌よく降園するということが目標になります。

子どもの姿
・1日の生活の流れを体験し、区切りがあることがわかってきている。
・先生と向き合って話を聞いたり歌を歌ったりすることを楽しみにしている。
・長い時間待つことがまだ難しい。
・帰りの身支度が自分でできるかどうかは、個人差や疲労の度合いによる差も大きい。

✔ねらい
・先生や友だちと一緒に楽しい降園時を過ごす。

4歳児 みんなで大切なひとときを過ごす

4歳児クラスでは、子どもたちの1日の遊びの様子を振り返ることができるようになったり、自分たちでお話もできるようになったりしてきます。保育者が進行を整理しながら、いろいろな子どもの良さが出るような、楽しい雰囲気をつくることが大切です。

子どもの姿
・1日の活動を終え、楽しいことも嫌だったこともあり、いろいろな感情を味わっている。
・降園時にみんなで集まるけじめがわかるようになっている。
・帰りの身支度はほとんど自分でできるようになる。

✔ねらい
・みんな一緒に降園時を楽しみ、明日への期待をもつ。

5歳児 自分たちで進める降園時

5歳児クラスでは、これまでよりもさらに一体感をもった活動ができるようになります。子どもたちが自ら発言の場所を求めることもあり、その日の遊びの様子によって臨機応変な対応が必要になってきます。

子どもの姿
・1日の活動を終え、それぞれ明日の活動を楽しみにしている。
・当番の交代や皆へのお知らせなど、自分たちで進めることができるようになってくる。
・みんなの前で自分の考えを話したり、友だちの話をきちんと聞いたりすることができるようになる。

✔ねらい
・自分の思いを話したり友だちの話を聞いたりして1日を振り返ったり、明日に期待をもったりする。

指導案例 部分実習指導案（3歳児・降園時・絵本）

指導実施日： 平成　　年　9月　22日（　）

3歳児パンダ組　男児15名、女児13名　　実習生氏名：○○○○

幼児の姿
- 毎日の降園時の活動を楽しみにしており、保育者の絵本や紙芝居に興味をもっている。
- 帰りの身支度はマイペースに行う子が多いが、早く並びたくて急いで雑になってしまう子がみられる。

ねらい・内容
- みんなで絵本を楽しみ、降園時を落ち着いて過ごす。
- 絵本「おおきなかぶ」の言葉を楽しむ
- あわてずに自分の身支度をする。

> 幼児の姿とねらい・内容は関連があります。

時間	環境構成	予想される幼児の活動	保育者の援助
14:00	●集まる場所がわかりやすいように、ピアノの前に保育者のいすを子ども側に向けて置いておく	●遊びの片付けが終わった子から、排泄、手洗いを済ませ、順次ピアノの前に集まる	●排泄や手洗いなども見守りながら、終わったらピアノの前に集まるよう声をかける
		●先生と一緒に話したり、手遊びなどをしたりして待つ	●早く集まっている子が手持ち無沙汰にならないように、話しかけたり、手遊びをしたりして全員が揃うのを楽しく待てるようにする
14:05	●子どもたちが集まったら話に集中しやすいように窓を閉めて静かな環境をつくる	●先生の話を聞く	●みんなが揃ったところで、今日あったことや、明日気を付けたいことなどを話し、子どもたちが話を聞く態勢をつくれるようにする
		●絵本「おおきなかぶ」をみる	●絵本「おおきなかぶ」を読む。繰り返される言葉を子どもたちが楽しめるように、子どもたちの様子をみながら読む
14:10		●繰り返しの言葉を覚えて一緒に言って楽しむ	●みんなで言葉を一緒に言うことで興奮してしまう子もいるので、立ち上がったり動いたりして危ないことのないように気をつける

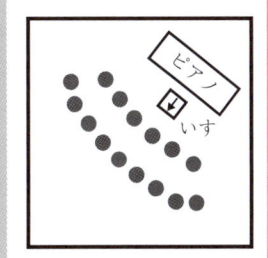

時間	環境構成	予想される幼児の活動	保育者の援助
14:20		●帰りの身支度をする 　帽子をかぶる 　リュックを背負う 　出口に並ぶ（3列）	●最後は「かぶが抜けてよかったね」「おおきくてびっくりしたね」など、子どもの気持ちに添った言葉で共感する ●ゆったり身支度できるように、グループに分けて立つようにする ●身支度を自分で頑張っている姿を認め満足感がもてるようにする
14:30	●保育者が出口に立ち、子どもたちが3列に並ぶ援助をする	●降園する	●落ち着いて座って待つよう声をかけ、靴箱が混乱しないようにゆっくり誘導する

> いつでも大勢の子どもが集中しないように気をつけましょう。

> 機嫌よく降園できたでしょうか。

実践のPoint

　絵本の読み聞かせの指導案は、実習の最初の段階で書く人が多いでしょう。また、とりあえず指導案なしに、手遊びと絵本の実践活動を経験する人もいます。手遊びや絵本を実践してみて、子どもたちの反応はどうだったでしょうか。以下のことに気をつけるとよいでしょう。

- 絵本は落ち着いた環境で読むと楽しめるものです。読み手の保育者の背後はどのような環境だったでしょうか。子どもたちの注意が絵本の後ろの背景に散ってしまわないように、読み手である保育者の背後の環境に気をつけるようにしましょう。
- 子どもたちみんなが絵本を楽しめる位置で実践できたでしょうか。端や後ろの方にいる子は、実際にはよくみえていないこともありますが、保育者の優しい視線や笑顔、配慮によって落ち着いて聞いていることができるのです。優しい言葉かけを心がけましょう。
- 絵本の途中で、子どもたちの反応があった時にどこまで取り上げていくのか、難しい問題です。子どもの言葉にはきちんと反応しながらも、流れを止めず、絵本の世界観を大切にするようにしましょう。

年齢によるねらいの違い
製作編

2歳児　いろいろな素材に触る

2歳児クラスでは、製作よりも素材の感触を楽しむ活動から、保育者が主導して製作物に形作っていくような活動が多くなります。いろいろな感触やカラフルな素材に興味をもって体験できるとよいでしょう。活動がスムーズに進まないと意欲を削いでしまうので、段取りなど事前の準備が必要です。

子どもの姿
・先生がやっていることに興味をもつ。
・いろいろな素材の感触を楽しみ時には全身で楽しむ。

✓ねらい
・いろいろな素材に触れて楽しむ。

3歳児　興味を大切にする

3歳児クラスでは、工程の多いものや細かいものは難しいので、なるべく簡単にできる製作を考えます。同じ行為（例えば、のりを貼るといったような）の繰り返しで完成できる製作は、3歳児でも活動の間に慣れていくので楽しく製作することができるでしょう。

子どもの姿
・先生や友だちの様子をみて興味をもつ。
・手先はまだあまり器用ではなく、細かい作業には興味がもてない子もいる。

✓ねらい
・簡単な製作を楽しむ。

4歳児　自分でできることを楽しむ

4歳児クラスでは、手先がだいぶ器用になってくる子も多いので、ハサミを使った活動も楽しくなってくるでしょう。自分なりのこだわりもみられます。

子どもの姿
・友だちに興味が出てきて、同じことをしたくなったり同じものをもちたくなったりする。
・手先も使えるようになり、自分なりに工夫しようとするがうまくいかないことが多い。
・こんなものが作りたいというイメージをもつようになる。

✓ねらい
・自分なりにイメージを実現して製作を楽しむ。

5歳児　自分なりに工夫する楽しさ

5歳児クラスでは、遊びに使えるものを製作すると意欲が出てくるようです。作って遊ぶことや自分なりに工夫する楽しさが味わえるようにしていきます。

子どもの姿
・遊びに必要なものを自分で作ろうとしたり、友だちと一緒にイメージに合わせて製作したりする。
・いろいろな素材を使いこなせるようになってくる。

✓ねらい
・遊びに必要なものを自分で作って楽しむ。
・自分なりに工夫して作る楽しさを味わう。

第3部　指導案とは

89

指導案例 部分実習指導案（4歳児・製作活動・どんぐりマラカス）

指導実施日： 平成　　年　10月　25日（　）

4歳児うみ組　男児16名、女児14名　　実習生氏名：〇〇〇〇

幼児の姿
- 秋の運動会の後、様々な面で意欲的になっており、多くの子がいろいろな遊びに自分から取り組んでいる。
- 自然物を使った製作はあまりしたことがない。

ねらい・内容
- いろいろな素材に触れ楽しく作る。
- どんぐりマラカスの音を確かめながら作る。
- いろいろな素材を選んで飾りを付けて楽しむ。

> 自然物を使った製作の経験が浅い子どもたちですので、難しいねらいはさけて、自然の素材を知ることのできる経験を考えましょう。

時間	環境構成	予想される幼児の活動	保育者の援助
10：20	（ピアノ・先生・机・いすの配置図） 机（6脚） いす（30脚） 机には新聞紙やテーブルクロスを広げてテープで固定しておく	● 遊びの片付けが終わった子から、排泄、手洗いを済ませ、席に座る	● これから製作することを伝え、手をきれいに洗って拭くよう声をかける
10：25		● 先生の話を聞く （吹き出し：いろいろなことに気づけるようにします。）	● 全員が揃ったところで、園庭で拾ったどんぐりが入ったカゴをみせ、どんぐりに興味がもてるようにする ● どんぐりの大きさや形・色などをゆっくりみせ、いろいろなドングリがあることがわかるようにする
10：30	● 準備物： ・いろいろなどんぐり（300個＋予備分） ・空ペットボトル30本 ・空き缶30個 ・シール ・モール（3色、各20本） ・ビニールテープ（白・黄色・ピンク・黄緑、各3本） ・紙テープ（赤・白・青・黄色、各2本） ・セロハンテープ台（6個） ・折り紙など	● どんぐりマラカスを製作する （手順） ・材料を取りに行く ・どんぐりを1個ずつ容器に入れて音を確かめる ・ちょうどよい音をみつけたらふたをする（缶のふたは先生に手伝ってもらう）	● 好きなどんぐりを選ぶように言う。また、ペットボトルか缶の好きな方を選び製作することを説明する ● どんぐりを1個ずつ入れながら、好きな音になるように調整するとよいことを伝える

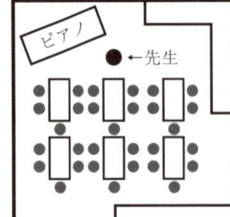

時間	環境構成	予想される幼児の活動	保育者の援助
	●グループごとに材料を取りに行くようにする ●不要などんぐりは回収したり、元のカゴに戻すよう声をかけたりして机の上に整理できるようにする	・飾りの材料を取りに行く ・マラカスに飾りを付ける（ビニールテープ、モール、シール、折り紙、紙テープなど） ●できたら、どんぐりマラカスを鳴らして音を楽しむ	●保育者も一緒にどんぐりマラカスの音を聞き、子どもたちと音を楽しんだり、「○○みたいな音だね」などと表現して、子どもの楽しさに共感していく ●音が決まったら、飾りの材料を各自で取りに行くよう伝える ●セロハンテープやビニールテープを切るところを手伝いながら、自分で考え飾りを付けていけるよう促す ●できた子はしばらく音を楽しんでもらい、最後はいったん預かる。飾りの気に入っているところを聞いたり、よくできたところをほめたりする
11:00	●できたものにマジックで記名する ●子どもたちの様子をみて机の新聞紙を取り、昼食用のテーブルクロスをかける	●各自片付けて、排泄、手洗いをして昼食時の活動をする	●帰る前にみんなで鳴らしてみようと期待をもたせ、いったん片付ける ●ごみを拾ったり片付けを手伝ったりする

> 保育者自身も音をよく聞いてみましょう。

実践のPoint

　製作の部分指導は、実習生にとっては準備も練習もきっと大変なことでしょう。ですが、子どもたちにとっては、保育者の指示をもとに自分なりに考え、工夫しながら作り上げ、達成感や満足感を味わえる楽しい体験です。簡単なものでもよいのでぜひ挑戦していきましょう。

・子どもたちに危険のないような環境構成になっているでしょうか。机の上には余計なものがない状態で製作しましょう。
・手順は適切なものでしょうか。おそらく事前に練習してから臨むと思いますが、本番の部分実習では練習通りにはいかないものです。実際には臨機応変な対応を求められることでしょう。部分実習の反省時には、そのクラスの子どもたちに合った手順がわかるのではないかと思います。子どもたちに合わせた手順を考えられるとよいでしょう。
・製作は工程も多く、手順の説明ばかりになりがちですが、子どもたちの楽しさに共感できるようにしましょう。意欲を引き出す言葉、楽しさに共感する言葉、達成感や満足感を味わえる言葉などを意識しましょう。

年齢によるねらいの違い
音楽編

1歳児 保育者が楽しいと子どもも楽しい

子どもの姿
- 手遊びやわらべうたなど、声の抑揚やリズムに注目することができる。
- 保育者の楽しそうな様子をみて同じように楽しむ姿がみられる。

✓ねらい
- 歌やリズムなどで楽しく保育者と触れ合う。

2歳児 繰り返し楽しめるように

子どもの姿
- 手遊びや振りなどは保育者のまねをしようとする。
- 楽しいことを繰り返し行おうと求める姿がみられる。
- 打楽器に興味をもち、やってみようとする。

✓ねらい
- 保育者と一緒に歌や手遊びを楽しむ。

3歳児 子どものペースで楽しめるように

3歳児クラスでは、速足程度の拍子の歌が歌いやすく、大勢で歌う時にも合わせやすいようです。先生と一緒に楽しむことが大切になります。

子どもの姿
- 手遊びや振りなどは保育者のまねをして行うようになる。
- 歌や振りなどはすぐに覚えて後から再現して楽しむようになる。

✓ねらい
- 保育者と一緒に歌ったり動いたりして表現を楽しむ。

4歳児 自分の表現を楽しむ

4歳児クラスになるといろいろなテンポやリズム、メロディーも楽しくなってきます。声もよく出るようになってきますので、歌うのにちょうどよい声や、きれいな声などに気を付けるとよいでしょう。

子どもの姿
- 歌う声が出せるようになってきて、歌が楽しくなる。いろいろな動きもできるようになる。
- いろいろなリズムの違いが表現できるようになってくる。

✓ねらい
- みんなで楽しく歌ったり踊ったりする。

5歳児 のびのびと楽しめるように

5歳児クラスでは、4歳児の積み重ねの上で、輪唱を楽しんだり部分的に合唱したりすることもできるようになってきますが、歌詞とリズム、メロディーの組み合わせを味わったり、自分たちで「こうしたい」という気持ちが出てきたりします。のびのびと表現できる楽しさを経験できるとよいでしょう。

子どもの姿
- 声がよく出るようになってきて、大勢で歌う楽しさを味わえるようになる。
- 速いテンポの曲も楽しめるようになる。

✓ねらい
- みんなで歌を歌いながらのびのびと表現して楽しむ。

指導案例

部分実習指導案（3歳児・音楽・歌「まつぼっくり」）

指導実施日： 平成　　年　10月　20日（　）

3歳児パンダ組　男児15名、女児13名　　実習生氏名：〇〇〇〇

幼児の姿	ねらい・内容
・「アイアイ」「キラキラ星」などの歌をみんなで一緒に歌って楽しんでいる。 ・新しい歌には興味を示すが、知っている歌の方が好きである。 ・先生が楽しそうに歌うことで安心して一緒に歌うことができる。	●歌「まつぼっくり」の歌詞やリズムを楽しむ。 ・イラストやまつぼっくりの実物をみて歌に興味をもつ。 ・おもしろい歌詞を楽しむ。

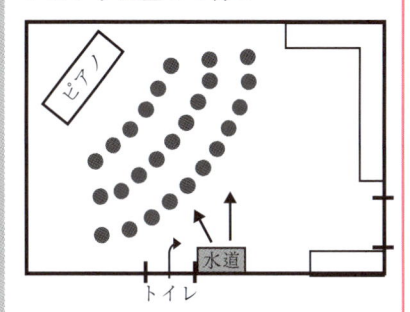

時間	子どもの活動	保育者の援助と留意点
10:30	●排泄、手洗いが済んだら並んでいるいすに座って待つ （配置図：ピアノ、いす円形配置、水道、トイレ）	●ピアノの前にいすを円く並べておく ●好きないすに座ってみんなが揃うまで待つよう伝え、同時にトイレや手洗いの援助も行う。焦らずにできるように声をかける
10:35	●先生の話を聞く	●全員が揃ったら、これからみんなで新しい歌を歌うことを伝え、あらかじめ準備しておいた、まつぼっくりの実物の入ったカゴを出してくる ●まつぼっくりの形や色、におい、転がり方、子どもたちの知っていることなどを話題にして興味を引き出すようにする
10:40	●歌「まつぼっくり」を歌う ●イラストをみながら先生の歌を聞く	●歌「まつぼっくり」を、最初は準備しておいたイラストを活用しながら、伴奏なしで保育者が歌ってみせる。楽しいイラストをみながら歌詞の内容のおもしろさを感じられるようにする

> 視覚的な教材がみえている方が歌詞の意味も分かり楽しめます。

第❸部　指導案とは

時間	子どもの活動	保育者の援助と留意点
	●先生と一緒にリズム打ちをしたり、歌詞に合わせて手を動かしたりする ●ピアノ伴奏に合わせてみんなで何回か一緒に歌ってみる	●ゆっくりとしたリズムを感じられるよう、手拍子や膝をたたいて示す ●子どもの表現を大切にして子どもの動きを取り入れながら楽しく行うようにする ●何回か行って、リズムや歌詞が分かってきたら、楽しいピアノ伴奏を付けて歌ってみる ●まつぼっくりがコロコロ転がる楽しさを感じられるように言葉をかけ楽しめるようにする ●何回か楽しく歌い、よかったところを認めて終わる

実践のPoint

　日本には四季がありますので、季節ごとの歌を歌うのも楽しい体験です。メロディーや歌詞にはその季節にあった情緒が盛り込まれています。心に残った歌は、帰り道や家庭でも口ずさむといいます。楽しい経験にしたいものです。

・ピアノ伴奏を付ける実習生が多いと思いますが、子どもたちの声の音量を考えて、子どもたちの声をよく聴きながら伴奏しましょう。ピアノの音が大きすぎると、子どもたちが怒鳴ってしまうことがあります。また、子どもたちが慣れるまで、右手ではメロディーをなぞって弾くのが親切でしょう。
・緊張すると、いくら練習していても伴奏を間違えることがありますが、自分が伴奏を間違えても音楽を止めないようにしましょう。片手だけでも歌を止めないように進めていき、また両手の伴奏に戻れるようにしましょう。
・歌は、口伝えで教えるのもよいのですが、子どもたちは視覚教材があると興味をもち、イメージができるようになります。歌の伴奏の練習も必要ですが、視覚教材を用意すると、子どもたちの学びが深まることを頭に入れておきましょう。

年齢によるねらいの違い
ゲーム編

3歳児 簡単なルールの遊びを経験する

3歳児以下のクラスでは、お面などをかぶって追いかけっこをしたり、保育者がいつも鬼役をして鬼ごっこをするなど、無理なく大勢での遊びを楽しめるようにします。

子どもの姿
・保育者と追いかけっこをするのが楽しく1対1でも楽しい。保育者に追いかけられたい。
・自分からゲームのルールを意識することが少ない。

✓ねらい
・遊びの中で簡単なルールを知る。

4歳児 友達と一緒が楽しい

4歳児クラスになると、自然に友だちと集まって遊ぶことに興味が出てくるので、簡単なルールのある遊びを教えたり、自然発生的な鬼ごっこやゲームなどを盛り上げたりして、ルールのある遊びの楽しさを伝えていきます。

子どもの姿
・友だちを誘ってゲームを始めようとするが、自分たちでは進めることが難しい。
・ゲームが楽しく、何回も繰り返して行おうとする。

✓ねらい
・友だちとルールのある遊びを楽しむ。

5歳児 ルールのある遊びを楽しめるようになる

5歳児クラスでは、ルールのある遊びを自分たちで進められるようになったり、自分たちでルールを変えて応用したりする楽しさを経験するようになってきます。継続して遊べる環境をつくっていくことも大切です。

子どもの姿
・誘い合って自分たちでルールのある遊びを楽しむ。
・ルールに厳しくなる子も出てくる。

✓ねらい
・自分たちで遊びを進め、ルールのある遊びを楽しむ。

第3部 指導案とは

指導案例

部分実習指導案（4歳児・しっぽ取りゲーム）

指導実施日： 平成　　年　11月　20日（　）

4歳児うみ組　男児16名、女児14名　　実習生氏名：○○○○

幼児の姿
- 10月の運動会をきっかけにリレーやゲームなどの集団遊びに興味をもち、年長児の遊びに加わる子もいる。
- 遊びのルールは守ろうという気持ちはあるが、勝ちたい気持ちが強くて守れないこともみられる。

ねらい・内容
- ゲームのルールを守りながら楽しく遊ぶ。
  - しっぽ取りのルールを知る。
  - 押したり引っ張ったりしないで安全に遊ぶ。

> 「楽しく遊ぶ」ために必要なことを考えます。

時間	予想される幼児の活動	保育者の援助と留意点
10:30	●排泄、手洗いを済ませた子から先生の前に集まる	●保育者の前に集まって座るよう伝える 準備物： ・グループ分けのくじ ・しっぽ（テープを三つ編みにしたもの、黄色・青各20本）、しっぽを挟めるような服装にしてきてもらうよう、前日に保護者に連絡しておく ・今日は初めての遊び「しっぽ取りゲーム」を行うことを伝え、最初にくじ引きについて説明する →①箱の中の紙を一つ取り、一斉に開くようにする 　②紙は友だちと取り換えてはいけない
	●先生の指示に従ってくじ引きを引いてその場で待つ ●くじ引きを一斉に開き、黄色グループと青グループに分かれて座る	●くじを開けたら、黄色グループと青グループに分かれて座るよう促す ●各グループの人数を確認する
	●黄色グループから、1列に並び、遊戯室に移動する ●黄色グループは黄色の線、青グループは青い線の上に座って待つ ●しっぽ取りゲームのルールについての話を聞く ●先生の見本をみたり、問いかけに答えたりする	●遊戯室に移動するため誘導する ●2グループに分かれ、遊戯室の線に沿って座るよう伝える ●しっぽ取りゲームの遊び方について、見本をみせながら説明する →①相手チームのしっぽを取ったら（取られたら）すぐに陣地に戻る

> くじ引きもワクワクして楽しいです。

> チームは色やキャラクターなどで区別します。幼児に分かりやすいものにしましょう。

時間	予想される幼児の活動	保育者の援助と留意点
		②相手チームと自分のチームの両方のしっぽを数え、多い方が勝ち ③取る時に相手の体に触わらない、しっぽ以外を引っ張ってはいけない ④しっぽを取られないように持つのもいけない 　　　　　　　　　　　　　　しっかり確認！
	●しっぽを付ける ●しっぽ取りゲームを行う	●グループごとにしっぽを配る ●しっぽの付け方をみて、必要があれば援助する ●ゲームの間、全体の様子をよくみて大きな声で応援し、楽しい雰囲気を盛り上げる ●しっぽを取られてもそのままゲームを行っている子には注意を促し、陣地に戻るように教える ●全員が座ったら、一緒にしっぽの数を数えて勝敗の判定をする ●ゲームは何回か繰り返して楽しめるようにする
	●しっぽを片付けて保育室に戻る	●最後は、安全に楽しく遊べたことを認め、次回にも期待をもたせるようにする

実践のPoint

　4歳児くらいになると、簡単なルールのある遊びや競争を楽しむ気持ちが芽生えてきます。また、ゲームなどを通して、ルールを守ることの大切さを理解できるようになってきます。大勢で遊ぶことに興味が強くなってくるのもこの頃です。実習生が企画するゲームには、特に興味を持って楽しみにしています。

・しっぽ取りゲームの準備で気をつけたいのは、しっぽの長さや強さです。長すぎると床についてしまい、ほかの子が踏んでしまうことがあります。何センチがちょうどよいのか、まず試作品を作ってみましょう。また、しっぽに使用する素材も丈夫なものを選びましょう。

・しっぽ取りゲームは、遊び方がいろいろあります。チームを分ける場合は、くじ引きをしても楽しいです。チームを多く作る時などは、身長順に分けていく方法もあります。また、いつもクラスで行っているグループ活動をもとにして行うのもよいでしょう。その時々にふさわしい分け方を担任の先生と相談しましょう。

・ゲームは、実際に慣れて動けるようになるまで時間がかかる子もいます。練習の時間を設けたり、チームを変えて何回か実施したり、一人ひとりが満足して終えられるようにしましょう。

年齢によるねらいの違い
リレー編

4歳児　楽しく走ろう

4歳児クラスでは、簡単な障害物競走ができるようになりますが、リレー形式のものはまだスムーズに行かないこともあるので、走者ごとに1回ずつスタートとゴールをして楽しむのもよいでしょう。リレー形式でなくても、いろいろな動きが入った競走を楽しむことが目標になります。

子どもの姿
・ルールを守って競走しようとするが、一生懸命になると守れないこともある。

✓ねらい
・友だちと競走する遊びを楽しむ。

協力する楽しさを味わう　5歳児

5歳児では、リレーを楽しめるようになっていますので、リレーに障害物走を取り入れることも出てきます。年長児ではチームの一体感を感じながら楽しむようになりますが、障害物走は脚の速さを競うだけではない面白さを感じることができます。ボール運びリレーは、バランスに気を付けながら早く走るという複雑な動きや面白さが含まれます。

子どもの姿
・チームの意識をもち、みんなで頑張ろうとする。
・難しいことに挑戦する楽しさを感じる。

✓ねらい
・友だちを応援したり自分も頑張ったりしてリレーを楽しむ。

指導案例

部分実習指導案（5歳児・運動遊び・ボール運びリレー）

指導実施日：平成　　年　9月　20日（　）

5歳児組　すみれ組　男児15名、女児15名　　実習生氏名：〇〇〇〇

幼児の姿
- 暑さも終わり、戸外で体を動かして遊ぶことが楽しくなってきている。友だち同士で誘い合ってドッジボールを行っている。
- 集団のゲームや大勢での活動を喜ぶようになってきている。

ねらい・内容
- ●友だちと力を合わせてゲームを楽しむ。
- ●十分体を動かして遊ぶ。
- ・友だちと協力してゲームをする。
- ・ルールを守って遊ぶ。
- ・精一杯体を動かして充実感を味わう。

時間	幼児の活動	環境構成と保育者の援助
10:30	●排泄、手洗いを済ませたら先生の前に集まって座る	●排泄、手洗いをきちんと行えているか様子をみながらピアノの前に座って待つよう伝える ●全員揃ったら、今日はみんなでゲームを楽しむことを伝え、チーム分けの説明をする →①2人組になり、グーパーじゃんけんをする 　②グーのチームとパーのチームに分かれる
	●友だち同士でグーパーじゃんけんをする ●グーのチームとパーのチームに分かれて座る	●隣の友だちとじゃんけんをするように促し、グーのチームとパーのチームに分かれるように伝える
	●グーのチームはロッカーに帽子を取りに行き、かぶってまた座る	●グーのチームは目印になるようクラスの帽子をかぶることを伝える
10:40	●チームごとに1列に並び、遊戯室へ移動する	●グーのチーム、パーのチームそれぞれ1列に並ばせ、遊戯室へ誘導する
	●遊戯室の真ん中に集まる ●グーのチームはスタートラインに2列に並ぶ ●パーのチームもスタートラインに2列に並ぶ	●遊戯室の真ん中に集まるよう伝え、まずグーのチームからスタートラインに2列に並ばせる。スタートラインはあらかじめビニールテープで引いておく

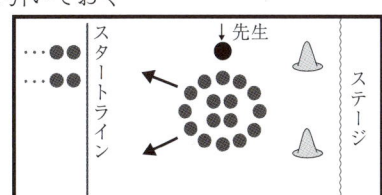

> 実力を考慮してチーム分けすることもありますが、今回は脚の速さのみで勝負がつくものではないのでランダムな分け方にしました。

99

時間	幼児の活動	環境構成と保育者の援助
	●リレーの見本をみる	●全員が並んで座れたら、見本をみせる（1名手伝いを頼む） →①タオルの両端を両手で持ち、タオルの真ん中にボールを入れる ②ホイッスルの音で2人揃ってスタートする。2人でボールを落とさずに三角コーンを回ってくる ③タオルにボールを乗せたまま次の走者へ渡す。次の走者はすぐに走り出す ●協力しないとボールが転がり落ちてしまうことを伝える ●失敗も実演してみせながらボールが落ちたら落ちた場所から走り直すルールを伝える ●最初の走者の準備をして、ホイッスルで合図をする
10:55	●ボール運びリレーを行う	●ゲーム中は全体の様子をみながら声を出して応援したり、後ろに並んでいる子たちにも状況が分かるように実況したりして楽しい雰囲気をつくる ●走り終わった子たちは列の後ろに並ぶよう伝えたり援助したりする ●ボールを落としてしまった子たちをよく見届けてルールを守れるよう促す ●最後は勝敗を伝え、負けたチームに対してもよかったところや協力できたところを認める ●十分体を動かして楽しめるよう、様子を見て3回戦位まで行う
11:30	●勝敗を喜んだり悔しがったりする ●チームごとに並び保育室に戻る	●最後はそれぞれが頑張った満足感を味わえるよう言葉をかける ●チームごとに整列し、保育室に戻るよう誘導する

> よくない事例を示しておくと子どもたちに印象付き、ルールをより意識できます。

年齢によるねらいの違い
異年齢の遊び編

3歳児　一緒に過ごすことを楽しもう

3歳児では、年長児の様子をみたりまねしたり自分なりに取り組みながら楽しむということが大切です。課題が難し過ぎないよう配慮しましょう。

子どもの姿
・年長児からの関わりを自然に受け入れるが、できるだけ保育者のそばで過ごそうとする。

✓ねらい
・みたりまねしたりして自分なりに楽しむ。

4歳児　マイペースに頑張る

4歳児では、自分でできることは自分で頑張りながら、年少や年長の子との関わりを楽しみながら行えるとよいでしょう。

子どもの姿
・自分でできることは自分で行おうとする。
・年長児の姿をよくみている。

✓ねらい
・自分のペースで製作に取り組み、できることを頑張って行おうとする。

5歳児　集中して取り組む

5歳児では、他児の様子をみながら刺激を受けて取り入れたり、最後までやり遂げたりすることが目標になります。上手に作ることはうれしく達成感があることですが、一人ひとりの個性や特性も踏まえながら本人が満足できるような援助をしていきます。工夫したり試したりする楽しさを伝えていきましょう。

子どもの姿
・うまくできないことを気にするようになる。
・年少の子たちへの思いやりや配慮が日頃からみられる。

✓ねらい
・素材の面白さを感じ、集中して製作を楽しむ。

指導案例

部分実習指導案（異年齢・葉っぱのこすり出し）

指導実施日： 平成　　年　6月　10日（　）

異年齢クラス　3歳児8名、4歳児9名、5歳児9名　　　実習生氏名：○○○○

幼児の姿
- 新しいクラスにも慣れ、自分の好きな遊びを進めるようになっている。3歳児は保育者のそばで安定することが多い。
- 全員での活動は楽しんで行い、5歳児が3歳児のことを気にしながら活動している様子がみられる。

ねらい・内容
- 葉のいろいろな形や色の組み合わせを表現して楽しむ。
- いろいろな葉の形や色の表れ方を楽しむ。
- 友だちの様子をみながらじっくり取り組む。

時間	環境構成	予想される幼児の活動	保育者の援助
10:00 10:10	●準備物： ・園庭の雑草の中からいろいろな形の葉（葉脈がはっきりしているものがよい）を摘んできてカゴに入れておく。 ・色鉛筆（先を太くしておく、色の濃いものを使う） ・コピー用紙（A4を半分に切ったもの）100枚 ・台紙用の画用紙（八つ切を半分に切ったもの）30枚 ・ハサミ（各自） ・のり ・のり手拭き ・セロハンテープ ・机には新聞紙を敷いておく ・こすり出しの見本は事前に製作しておく ●葉はカゴから出して材料机に広げておく	●排泄・手洗いを済ませた子から席に座る（異年齢混合） ●先生の話を聞く ＜吹き出し＞きれいな見本を用意しておきましょう。視覚的教材は興味を引き出します。 ＜吹き出し＞手順は覚えられない子もいますが、ざっと理解してもらうとよいです。 ●グループごとに葉と紙を取りに来る	●排泄・手洗いを済ませたら席に座るよう伝える。3歳児については排便や手洗いを必要に応じて手伝う ●全員が着席したら、フロッタージュの説明を行う ●まず見本をみせ、きれいな模様や面白い形に興味をもてるようにする ●面白い模様や形をいろいろな葉を使って作ることを伝え、カゴに入っているいろいろな葉をみせていく ●フロッタージュの方法を説明し、実際にやってみせる →①新聞紙の上に葉を裏返して置く 　②その上に紙を乗せ、1か所セロハンテープで固定する 　③色鉛筆でそっとこすり出し、様子をみて色を濃くしていく ●机のグループごとに葉を選びに来るよう促す

時間	環境構成	予想される幼児の活動	保育者の援助
10:20	●各机を見て回り、不要なものを片付けたり、製作しやすく整えたりする。 ●のりとのり手拭きを机ごとに配る	●フロッタージュを行う ●1枚目が終わったら次の葉や紙を取りに行く ●いろいろな形や色を試してみる	●特に3歳児では、難しいところは手伝うが、同じ机の友だち同士でよくみたり聞いたりするよう促す ●自分なりに取り組む姿を大切にし、なるべく見守るようにする ●こつが掴めてきた子の作品は全体に紹介し、表現のアイデアを共有できるようにする
	（配置図：ピアノ、保育者、ゴミ箱、材料机）	●台紙を取りに行く ●ハサミで形を切り、台紙に好きなように貼っていく	●できたものは不要なところをハサミで切り取り、台紙に貼るよう伝える ●台紙に記名しながら、それぞれの表現やアイデアを認め、満足できるようにする
	＜完成物の例＞ ↑記名を忘れずに行う	●他の子の作品をみて楽しむ	●作品はその場で壁面に貼り、のりを乾かしながらみんなもみて楽しめるようにする
10:50		●手を洗い、片付ける	●終わった子から片付けや手洗いをするよう伝える

> コツが掴めるように、何回かチャレンジできるようにしましょう

年齢によるねらいの違い
食事編

✓共通のねらい 楽しく食べる

0歳児 食べるっていいね

よくある姿
・生後6か月前後までは母乳またはミルク。
・大人の食事中、同じように口をもぐもぐさせたら離乳食始まりの目安。

✓ねらい
・いろいろな味、形状に慣れる。
・スプーンなどの食具に慣れる。
・手づかみ食べをして一口分量を知る。

1歳児 手づかみ食べ好き。食具も面白そう

よくある姿
・離乳食から幼児食へ移行する。
・スプーンは上から握るように持つ。
・苦手なものは口から出したり、口の中にため込む。

✓ねらい
・手づかみやスプーンを使って食べようとする。

2歳児 食具を上手に使えるよ

よくある姿
・スプーンやフォークを下から支えるように正しく持つ子が出てくる。

✓ねらい
・茶碗に手を添える。
・こぼさないで食べようとする。
・苦手なものを励まされたり見守られたりして食べようとする。

3歳児 自分なりに意欲的に食事をするよ

よくある姿
・きれいに食べられる子とよくこぼす子との差が大きい。
・スプーンを3本指（親指・人差し指・中指）で持てるようになる。⇒箸を使う
・促されて三角食べ（順番食べ）をしようとする。
・促されて左手で茶碗を持って食べる。

✓ねらい
・こぼさず残さず食べようとする。
・自分なりに食事の仕方を正そうとする。

4歳児 調理も楽しむよ

よくある姿
・友だちや先生と会話をしながら食事を楽しむ一方、食事のマナーが乱れやすい。
・知っている材料や料理の数が増える。

✓ねらい
・箸を使って食事をする。
・具材に興味を持つ。
・調理をして食に関心をもつ。
・食べてもらう喜びを味わう。
・食事のマナーの意味を知り守ろうとする。

5歳児 食べるって大切。食への関心が深まるよ

よくある姿
・進んで食事の準備や当番の仕事をする。
・友だちや保育者とのやり取りを楽しんで食事をする。

✓ねらい
・友だち同士、声をかけ合い食事のマナーを守って食べようとする。
・食べたものが体内でどのように役立つかを知る。
・命をいただくことを理解し、感謝の気持ちであいさつをする。

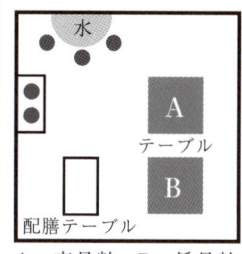

指導案例

部分実習指導案（1歳児・食事時・給食）

指導実施日： 平成　　年　11月　16日（　）

1歳児たんぽぽ組　男児7名、女児8名　　実習生氏名：○○○○

幼児の姿	ねらい・内容
・手づかみ食べやスプーンを自分なりに使い、進んで食事をしている。 ・苦手な食べ物は吐き出したり、顔をそむけたりする。	●楽しく食事をする。 ・言葉のやり取りを楽しみながら食べる。 ・食具を使って食べようとする。

時間	環境構成	予想される幼児の活動	保育者の援助
11：00	（図：水、テーブルA、テーブルB、配膳テーブル） A：高月齢　B：低月齢	●手洗いをする ・順に手洗いをする ・タオルで手を拭く	●手洗いの仕上げをする ●順番を待つ子は長いすに座るよう促す ●洗い終えた子は自分のマークのあるいすに座るよう促す
11：10		●給食準備 ・いすに座る ・返事をする ・タオルを受け取る	●高月齢グループと低月齢グループに分けていすを配置しておく ●名前を呼んで、タオルを配る ・「いい返事だね」など認める
11：20		●給食 ・手遊びをする 「パン屋さん」 ・いただきますのあいさつ ・給食を食べる ・おかわりをする ・口を拭く	●一緒に手遊びをする ・「給食と同じだよ」など気をひかせる ●あいさつを一緒にする ●配膳する ・直前に配ることで子どもがこぼさないようにする ●給食を促す ・スプーンとフォークを使うよう声をかける ・「これ、何かな？」と食材に関心がもてるような言葉をかける

> 月齢によって、メニューや食べ物の形態が異なります。食事の介助がしやすい環境設定を考えましょう。

> 食事は楽しく食べることが一番ですが、今回の部分実習では食具を使って食べることも一つのねらいとして取り入れています。導くための言葉かけや配慮事項を書いておきましょう。

時間	環境構成	予想される幼児の活動	保育者の援助
			• こぼれ落ちたものは拾い食べないようこまめに拭き取る • 音楽をかけ楽しい雰囲気をつくる
12：00	![図：水、絵本スペース、テーブル]	園によっては子どもと一緒に給食をいただきます。お手本となる食事のマナーが身に付いているかは事前に振り返っておきましょう。 • ごちそうさまのあいさつ ● 片付ける • 順次、タオルをしまう • 各自、絵本をみる	● あいさつを一緒にする • まだ食べ終えない子たちは一つのテーブルに集める • 食べ終えた食器をまとめ、片付ける • テーブルを1台片付け、くつろげるスペースをつくる

絵本ラックを用意したり、ラグマットを広げておくと視覚的にわかりやすいですね。ただし、食事をしている子に配慮した方法でスペースを作りましょう。

離乳食の目安

月齢5～6か月ごろ	1日1回	すりつぶしたものを食べる
月齢7～8か月ごろ	1日2回	舌でつぶして食べる
月齢9～11か月ごろ	1日3回	歯ぐきでつぶして食べる
月齢12か月～	1日3回	歯ぐきで噛んで食べる

これはあくまでも目安です。
子どもの様子によって保護者と相談しながら進め方を調整します。

年齢によるねらいの違い
午睡準備編

0歳児 気持ちよく過ごそう

排泄
- オムツで過ごす子がほとんど。
- 1歳近くなるとオマルに座っていてタイミング良く出ることがある。

✓ねらい
- すっきりした気持ちを味わう。

午睡
- 午前寝をしている子は少し短め。2〜3時間くらい寝る。

✓ねらい
- 安心して眠る。個々に合わせて寝かしつける。

1歳児 「自分で！」の芽生え

排泄
- 日中はパンツで過ごし、午睡時は紙パンツに替える子も。午睡明けに出ていない場合、トイレに誘い排尿の感覚を気づかせていく。排尿間隔は様々。排尿、排便どちらかはトイレでできるが、どちらかは紙パンツじゃないとできない、という子もいる。

✓ねらい
- 個々のタイミングでトイレに誘い成功する嬉しさを味わう。

午睡・着替え・歯みがき
- 午前寝はほとんどしなくなる。トントンや背中をさすってもらうことで安心する。
- 保育者に手伝ってもらいながら、服やズボンの着脱をしようとする。
- 口の中で歯ブラシをねじりまわすように動かす。

✓ねらい
- 保育者に手伝ってもらいながら経験する。

2歳児 指先を上手に使うよ

排泄
- 個人差が大きく、一日中パンツで過ごす子もいれば、まだまだ紙パンツのみの子もいる。トイレに座る習慣づけとして、でなくても生活の中にトイレ時間を組み込むことがある。

午睡・着替え・歯みがき
- 簡単なボタンのかけはずしができてくる。服の表裏・前後がわかってくるが間違えていることもある。
- 歯ブラシを前後に動かすことがスムーズになる。

✓ねらい
- 自分でできる喜びを味わう。

3歳児 キーワードは「自分なりに」

排泄
- 自分からトイレに行こうとする。排尿後、自分で拭くが排便後は大人の仕上げが必要な場合がある。遊びに夢中で失敗することがある。排尿間隔が長くなる。

午睡・着替え・歯みがき
- 脱いだ服やズボンを自分なりにきれいにたたむ。進んで布団に入り、静かに横になることができる。
- 歯ブラシの毛先を向う側に向けた状態で口に入れ、上の歯をみがくことができる。

✓ねらい
- 自分なりに生活に取り組む。

4歳児 友だちに刺激を受けて

排泄
- 設定されたトイレの時間にタイミングよく排尿できるようになる。
- 失敗が少なくなる。

午睡・着替え・歯みがき
- 衣服の着脱がスムーズにできる。できるのにたたまない、片付けないなどの行動が見られるときがある。一方、人の世話・手伝いは喜び、教えあう。
- 午睡はよく寝る子とほとんど寝ない子がいる。
- 歯みがきは、鏡をみて食べ物のかすをこすり落とそうとする。

✓ねらい
- 友だちと生活を進めようとする。

5歳児 生活の自立

排泄
- 順番を待つ、排泄後に手を洗い拭くなどの一連の流れが身につく。外出先でもスムーズにできる。

午睡・着替え・歯みがき
- 細かいボタンのかけ外しもできる。自分たちで布団を運び、きれいに整える。小さい子の着替えや布団準備など手伝いを責任もって行おうとする。午睡なしで一日を過ごせるようになる。
- 歯みがきはまんべんなく口の中をみがく。仕上げは必要。

✓ねらい
- 自分たちで生活を進める。

第3部 指導案とは

指導案例　部分実習指導案（2歳児・午睡）

指導実施日：平成　　年　9月　8日（　）

2歳児すみれ組　男児16名、女児8名　　実習生氏名：○○○○

幼児の姿	ねらい・内容
・排泄はトイレでできる子はクラスの2/3、1/3は紙パンツで過ごしている。 ・ボタンやスナップをじぶんでしようとする。できずに泣いたり、怒ったりする子がいる。	●保育者に手伝ってもらいながら排泄や着替えをする。 ・できた喜びを味わう。

時間	環境構成	予想される幼児の活動	保育者の援助
12：20	（配置図：水・トイレ・おむつ交換） 💬配置図があるとわかりやすいですね。 💬子どもの動線を考えて場所を設定しましょう。	●排泄・おむつ交換 ・ズボン・パンツを脱ぐ ・全員、トイレへ行く ●着替え ・パンツをはく ・衣服を脱ぐ ・パジャマを着る ・脱いだ衣類をたたむ ●長いすに座る	●ズボン・パンツを脱ぐよう伝える ●全員、トイレに行くよう促す ・便座に座ることに慣れさせる ・排尿した子を把握する ●着替えを促す ・午睡時に紙パンツになる子には忘れずに声かけ確認する ・一人で脱ごうとする姿を認め見守る ・ボタン・スナップに挑戦する様子を励ます。さりげなくサポートし、一人でできたという気持ちをもてるようにする ・たたみやすいよう衣服を広げておく ●歯みがき準備のため、長いすに促す ・全員揃ったら歯みがきを行う ・布団を敷く（A保育士）

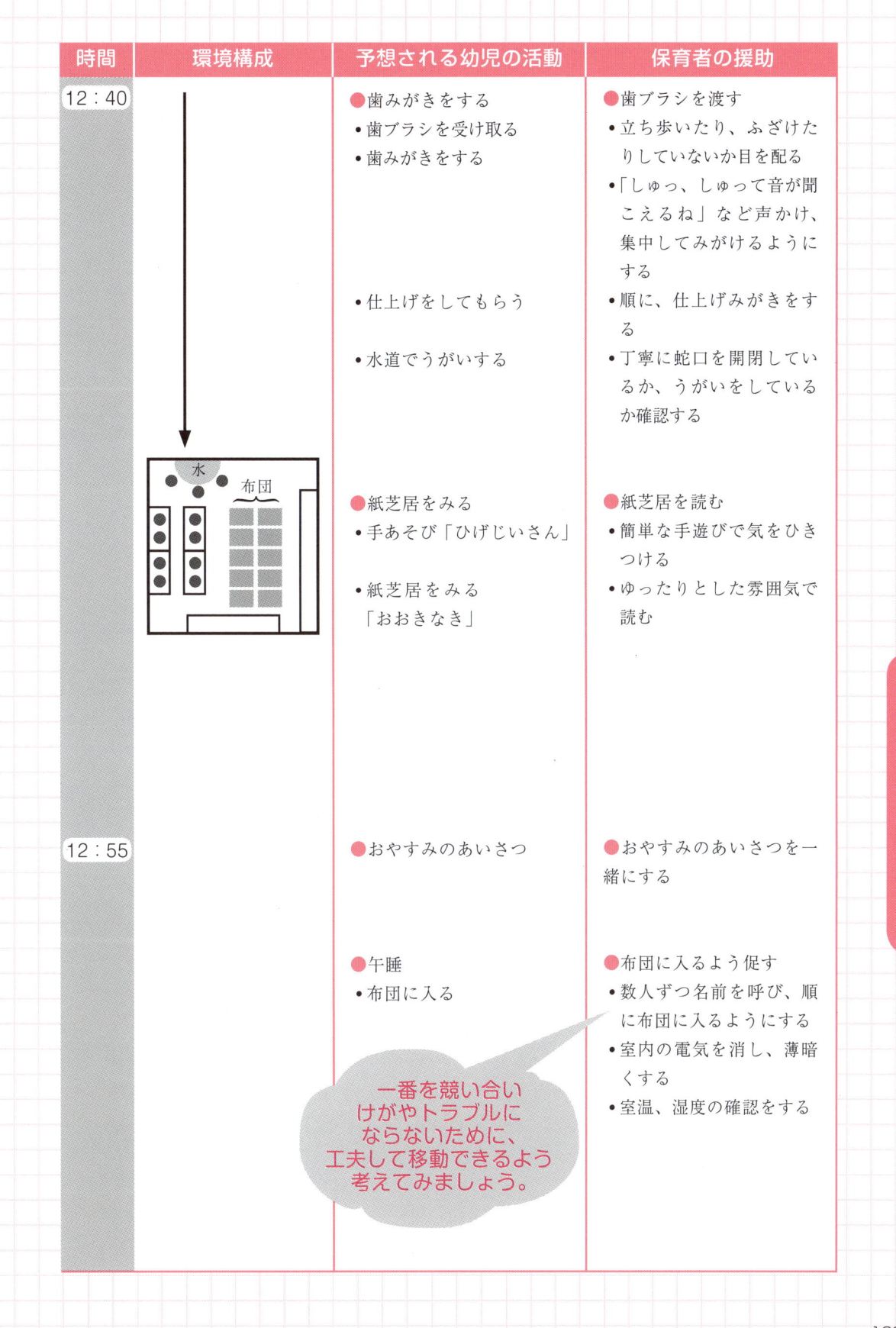

時間	環境構成	予想される幼児の活動	保育者の援助
12:40	↓	●歯みがきをする ・歯ブラシを受け取る ・歯みがきをする ・仕上げをしてもらう ・水道でうがいする	●歯ブラシを渡す ・立ち歩いたり、ふざけたりしていないか目を配る ・「しゅっ、しゅって音が聞こえるね」など声かけ、集中してみがけるようにする ・順に、仕上げみがきをする ・丁寧に蛇口を開閉しているか、うがいをしているか確認する
	水　布団	●紙芝居をみる ・手あそび「ひげじいさん」 ・紙芝居をみる 「おおきなき」	●紙芝居を読む ・簡単な手遊びで気をひきつける ・ゆったりとした雰囲気で読む
12:55		●おやすみのあいさつ ●午睡 ・布団に入る	●おやすみのあいさつを一緒にする ●布団に入るよう促す ・数人ずつ名前を呼び、順に布団に入るようにする ・室内の電気を消し、薄暗くする ・室温、湿度の確認をする

> 一番を競い合いけがやトラブルにならないために、工夫して移動できるよう考えてみましょう。

第❸部　指導案とは

5．全日実習指導案

（1）全日実習の概要

　全日実習とは、1日の活動の全部、または1日の大部分を実習生が保育の目的、内容を含めて考え、構成する実習のことをさします。指導案を作成し、実習先の実習担当の先生に直接ご指導をいただきながら、立案、実践します。

　全日実習は、1日の始まりから終わりまで、実習生が担当クラスのいわば「1日先生」となって、保育を構成することを学ぶ実習です。

（2）全日実習で行われていることの参考例

　全日実習について、次のような指導案例を紹介しています。幼稚園、保育所それぞれの種別にあわせ、年齢や時期が考慮されています。

　まず保育所0歳児クラスは「安定して1日を過ごす」ことが目的に立案されたものです。個々の生活に沿った形で展開されています。1歳児クラスは「プール遊び」が主な活動として構成されています。生活習慣への配慮が多くなされています。2歳児クラスは「新聞紙遊び」です。生活習慣の自立に丁寧に時間をかけています。3歳児クラスについては「ボディペインティング」を主な活動とした展開例です。導入部分の工夫や充実した活動への配慮がなされています。4歳児クラスの「ルールのある遊び」では子どもの関心に従い、子どもが理解しやすい展開の仕方に配慮があります。5歳児クラスでは「手作りかるた」を通して、文字に関心があるこの時期に適した活動が展開されています。

　幼稚園の3歳児クラスは「好きな遊びとプール遊び」の活動を通して、集団生活が始まったばかりの子どもへの配慮が示されています。また、雨天時の代替案など臨機応変な対応も紹介しています。5歳児クラスの指導案例では、主な活動に「紙皿ブーメラン」を設定しており、造形活動と遊びの連動が期待される例です。また、当番活動における配慮も示され、子どもの育ちに適したメリハリのある活動が紹介されています。

（3）全日実習指導案作成のポイント

① 1日を通してバランスよく構成
　部分実習の欄で見たように、活動はいくつかのパーツに分かれています。これらが細切れにならないように1日の活動全体を見通して、メリハリのあるバランスのよい構成になるよう心がけます。やってみたいことを盛りだくさんに取り入れるより、その日のメインとなる活動を中心に、一貫性のある内容になるような構成にしましょう。

②活動と活動の合間を工夫
　活動そのもののプランはしっかりできていても、活動と活動の合間の、いわばつながりの部分については見落とされがちです。例えば外遊びのあとのクラスの集まり、クラス活動が終わった後に昼食につなげる、などの部分です。こうした合間の時間にどのように言葉をかけ、また環境構成をするとスムーズに展開できるのかを工夫しましょう。

③ 毎日の保育につながる配慮
　責任実習当日は皆さんにとっては特別な1日であっても、クラスの子どもたちや先生にとっては、毎日の積み重ねの1ページです。子どもの毎日は、それまで続いてきてその時があり、これからも続いて行く連続性の中にあります。

　こうした前日、翌日、ひいては保育の計画全体から突出しないように、明日の保育につなげられるような配慮を心がけましょう。

指導案例 　**保育所実習指導案（0歳児）**

指導実施日： 平成　　年　 2 月　 19 日（　）

0歳児つくし組　男児3名、女児3名　計6名　　実習生氏名：〇〇〇〇

乳幼児の姿	・生活面において、個人差が大きい。 ・実習生に積極的な子、人見知りな子と様々である。 ・鼻水や咳(せき)の子が目立つ。	ねらい・内容	●安定して1日を過ごす。 ・実習生に優しく声をかけられ安心して生活する。

時間	子どもの活動	保育者の援助	援助の留意点
8：30	●順次、登園する	・笑顔であいさつを交わす ・視診する （顔色、機嫌、けがの有無）	・保護者から家での様子を聞いたり、早番職員と早い登園児の引き継ぎを行う
	●好きな遊びをする	・一緒に遊ぶ	・危険のないよう見守りながら遊びに誘う
		・出欠確認、検温する ・連絡帳に目を通す	・他職員と声をかけ合い、手際よく作業をすすめる
	●排泄・おむつ交換をする	・トイレに誘う ・おむつを交換する	・タイミングよく出た時にはうれしさに共感していく

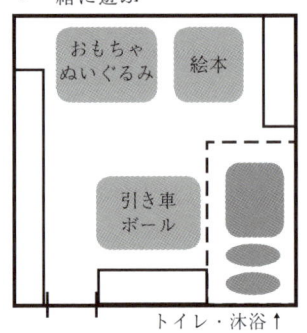

> 保育前の子どもの様子を把握しておくことで、保育中の体調の変化やトラブルの原因に早く気づくことができます。

> ほかに「おもちゃにつまづかないようこまめに整頓する」「手遊びや触れ合いでスキンシップをする」「ゆったりと関わる」など

> 排泄の仕方は個人差があります。トイレに行く子、おむつを取り替える子などの把握をして書き出してみましょう。また、自分が担当する作業も書いて流れの確認をしましょう。

（部屋の図：おもちゃ・ぬいぐるみ、絵本、引き車・ボール、トイレ・沐浴↑）

時間	子どもの活動	保育者の援助	援助の留意点
9:00	●おやつ ・手洗いをする ・いすに座る ・タオルを受け取る ・おやつを食べる	・手洗いの援助をする ・いすを支えて促す ・名前を呼びタオルを渡す ・おやつの援助をする	・丁寧に手洗いの仕上げをする ・いすの滑りや転倒に注意する ・呼名しながら目を合わせる ・「もぐもぐ、おいしいね」と声をかけ食べるよう促す
	●排泄・おむつ交換をする（排泄の子） ・ズボン・紙パンツを脱ぐ ・便器に座る ・後始末をし、水を流す ・手洗いをする ・紙パンツ・ズボンをはく	・排泄に行く子の援助をする	・衣服の着脱はさりげなく手を貸しつつ、自分でしようとする姿を認める ・排泄後の仕上げをする
9:25	●身支度をする ・上着を着る ・帽子をかぶる ・テラスに出る ・靴下をはく ・靴をはく	・身支度の援助をする	・「お外行こうね」と次の活動を伝え期待をもたせる ・「できるかな」とやる気を促す
	●園庭で遊ぶ ・ボール ・スイングボート ・ロンパーカー ・すべり台　・砂場 ・追いかけっこ ・簡単なかくれんぼ	・一緒に遊ぶ ・鼻水をこまめに拭き、顔色や機嫌の変化がないか観察する 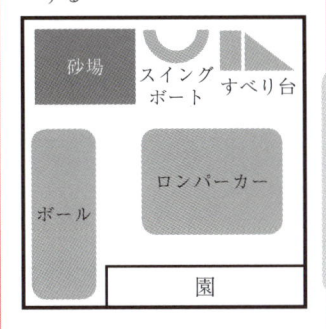	・安全に遊べるように見守る ・子どもの遊びに「ユラユラだね」「シュー！きもちいいね」など言葉にして共感していくようにする

> 生活の流れは、各保育園で決まっています。子どもたちが戸惑わないよう細かく手順を書いておくとよいでしょう。

> ほかに「力任せにかぶせたり、はかせたりすることのないように注意する」「転倒防止のため室内で靴下ははかない」「時間のかかる子には早めに援助する」など。

> ほかに「全体を把握しながら遊ぶ」「遊具からの落下や転倒を予防できる位置で見守る」「友だちとの関わりを間に入って言葉やしぐさで伝える」なども考えられます。

第❸部　指導案とは

時間	子どもの活動	保育者の援助	援助の留意点
10:40	●片付け	・一緒に片付ける	・「給食食べようね」と次の活動を伝え、一緒に片付ける

> ほかに「自ら片付ける姿をほめていく」「保育者が大まかに片付けていく」「次活動に必要なタオルや雑巾を準備しながら片付けを促す」など。

	●手洗いをして入室する	・手洗いの援助をする	・「きれいになったね」「さっぱりしたね」など心地よさを伝えていく
	●着替え・排泄・おむつ交換をする	・着替えなどの援助を行う	・着替え忘れなどのもれがないか、一人ひとり確認していく

> ほかに「名前を確認しながら間違えないように着替えの援助をする」「補助の先生と手分けをして子どもの流れを止めないようにする」「早く終えた子にはまだ終わっていない子の手伝いを促し、関わりを楽しめるようにする」など。

11:00	●給食 ・手洗いをする ・給食を食べる ・タオルをしまう	・給食の援助を行う ・個々の食事摂取量を記録する ↓保育者 [座席配置図] ↑実習生	・「モグモグごっくん」と声をかけ、よく噛んで食べるよう促す ・自分で食べたい気持ちを大切にする

> 給食の時にどの子どもを援助すればよいか、自分はどの位置でおこなうとよいか頭に入っているとスムーズです。

> ほかに「スプーンやフォークの使い方を伝える」「一緒に食べ、楽しい雰囲気作りをする」「アレルギー児に十分配慮し、誤配しない」など。

12:00	●午睡準備 （着替え、排泄、歯みがき）	・個々に合わせて午睡準備を促す	・食事で汚れたら着替えを促す ・仕上げみがきは優しく丁寧に行う
	●絵本をみる 「くだもの」	・絵本を読み聞かせる	・ゆったりとした雰囲気を心がける

> 園によって着替えや歯みがきなど、午睡前のゆったりとした時間づくりは様々です。実習園のやり方にならって、計画をたててみましょう。

	●午睡する	・添い寝などをして睡眠を促す ・睡眠中の様子を観察し、記録する	・室内の湿度・遮光に配慮し、安心できるよう環境を整える

> ほかに「寝るときの癖を把握し、寝つけるよう見守る」など。人見知りの子は慣れている先生にお願いしましょう。

時間	子どもの活動	保育者の援助	援助の留意点
14:45	●目覚める	・採光をし、換気をする	・自然に目覚められるようにする
	●着替え・排泄をする	・着替え・排泄の援助をする	・起きた子どもから誘っていく
			ほかに「優しく声をかけていく」「あらかじめおやつの準備をしてから起こす」「寝起きにおむつの濡れていない子はトイレに誘う」など。
15:00	●おやつ ・手洗いをする ・いただきますのあいさつをする ・おやつを食べる ・ごちそうさまのあいさつをする	・手洗いの援助をする ・おやつの援助をする 寝起きに発熱や体調不良の症状が現れることがまれにあります。	・てのひらのしわを丁寧に洗う ・表情や機嫌、食欲に変化がないか確認しながらおやつを促す ・自分なりにあいさつをする姿を「できたね」と受け止めていく
15:50	●室内遊び ・ブロック ・うた ・音や光の出るおもちゃ ・ぬいぐるみ	・一緒に遊ぶ ・検温する CDデッキ↓ [おもちゃ ぬいぐるみ] [うた] [ブロック]	・指差しや身振りで伝えてきたら言葉を「○○だね」と添えながら共感する ほかに「引っかきや噛み付きに注意し、子どもの行動をよくみる」「おもちゃを十分用意し、個々がゆったり遊べるようにする」など。
16:40	●片付けをする	・一緒に片付ける	・「いっぱい遊んだね」「また遊ぼうね」など声をかけ片付けに気づかせる
16:45	●排泄・おむつ交換する	・個々にトイレに誘う ・連絡帳、荷物をまとめる	・保護者や遅番保育者に子どもの様子を伝えたり、引き継ぎをする
17:00	●合同保育		

子どもの名前	子どもの姿勢と配慮
A男 （1歳）	・前日、咳のため欠席していた。機嫌や食欲、よく寝られているかなど家の様子をしっかり聞き把握。 ・つかまり立ちをする。不安定なものにもつかまるので倒れた時に危険なものがないようにする。
B子 （1歳2か月）	・他児の持っているものを無理やり取ろうとする。気持ちを受け止めながら、身振りや言葉での関わり方を伝えていく。 ・こぼしながらも自分でスプーンを使って食べようとする。自分で食べたい気持ちを大切にして上手に口に運べたときは「上手だね」と言葉をかける。
C菜 （1歳4か月）	・すぐに座り込み、進んで身体を動かさない。一緒に身体を動かす遊びをし、楽しさが味わえるようにする。
D人 （1歳4か月）	・人見知りが激しく、実習生に不安そうな表情をみせる。適度に距離を保ちながらも微笑みかけて無理にスキンシップをはからない。T保育士がいると、よく遊ぶ。
E太 （1歳6か月）	・乗り物に興味をもち、「コーキ」「コプター」など片言を言う。発語に応えていき、話す楽しさが味わえるようにする。
F香 （1歳8か月）	・月齢の低い友達に関心をもち、お世話しようとする。気持ちを十分受け止め、危険のないよう見守る。 ・トイレでの排尿がほぼ成功している。排尿間隔を把握し、時間をみて誘うようにする。

> 0歳児は心身の発達に大きな差があります。一人ひとりの様子を把握し、また担任の先生に聞き、今日はこの子に対してこの部分を丁寧にみていこう！とねらいをもてるといいですね。1日の流れの中で全てのことを全員が同じようにできなければいけないと気負うことなく、食事、着替え、排泄、言葉、運動など様々な場面で個々に合ったねらいをみつけてください。

指導案例

保育所実習指導案（1歳児）

指導実施日： 平成　　年　8月　22日（　）

1歳児たんぽぽ組　男児7名、女児8名　計15名　　実習生氏名：○○○○

幼児の姿	ねらい・内容
・生活面において、個人差が大きい。 ・水遊びに積極的な子と苦手な子がいる。 ・引っかきや噛み付きで表現する子が多い。	●プール遊びを楽しむ。 ・水に対する個人差があるので、個々に応じて水の感触が楽しめるよう配慮する。

時間	子どもの活動	保育者の援助	援助の留意点
8：30	●順次、登園する	・笑顔であいさつを交わす ・視診する （顔色、機嫌、けがの有無）	・保護者から家での様子を聞いたり、早番職員と早い登園児の引き継ぎを行う ・明るく自然な笑顔を心がける
		> 顔色や顔つきが昨日と違う、傷があるなどに気づいたら担任の先生にすぐに確認してもらいましょう。受け入れ時に保護者と確認できることがベストです。	
	●好きな遊びをする ・マグネットブロック ・踊り（CD／CDデッキ）	・一緒に遊ぶ > 室内の見取り図を書くとわかりやすくなります（0歳児指導案参照）。	・おもちゃを多めに用意し、一人ひとりが遊びこめるようにする
		・出欠確認、検温する ・連絡帳に目を通す	・子どもの様子をみながら朝の作業を手際よく進める
	●排泄・おむつ交換をする > 0歳児指導案参照。	・トイレに誘う ・おむつを交換する	・タイミングよく出た時にはうれしさに共感していく ・季節の歌や手遊び歌を歌ったり、くすぐりやいないいないばあなど触れ合いをしながら進め、子どもが楽しく行えるようにする

第❸部　指導案とは

117

時間	子どもの活動	保育者の援助	援助の留意点
9：00	●おやつ ・手洗いをする ・おやつを食べる ・タオルをしまう	・水の出し方を確認していく ・おいしいねと言葉を添える ・入れ間違えていないか確認する	・自分でやろうとする気持ちを受け止め、さりげなくフォローをしていく ・なかなか進まない子には「プールに入ろう」など次の活動への期待をもたせていく

> ほかに「コップを両手でしっかり持つよう促す」「タオルで口の周りを仕上げに拭く」「一つひとつの行動に丁寧にできたねと認めていく」など。

| | ●排泄・おむつ交換をする | | |

> 排泄の時間の取り方は活動前に排尿のなかった子、おむつが濡れていなかった子だけ誘うということもあります。園のやり方を確認して書くとよいでしょう。

| 9：25 | ●水着に着替える | ・水着を並べて置いておく
・脱いだ洋服を袋にしまうよう促す | ・大人にしてもらいたがる子には少し取りかかりを手伝い、気持ちを満たしながらやる気を引き出す
・プール遊びを嫌がり、着替えたがらない子には無理に促さない |

> 活動に乗り気ではない子への配慮や工夫も記入。

| 9：40 | ●プール遊び
・体操遊びをする | ・部屋で一緒に体操遊びをする | ・好きな曲に合わせて体を動かし、楽しむ姿に共感する |
| 9：45 | ・テラスでプール、水遊びをする | ・プールの水温チェックと塩素消毒を行う（A先生） | ・テラスに出る際、転倒に気をつける
・好きな場所で水の感触を楽しむ姿を受け止めていく
・大胆に遊ぶ子には大きいプールを、水の苦手な子には小さいプールをすすめ、シャワーも使いたっぷり遊べるようにする
・顔色、機嫌に変化がないか観察する
・水に足を取られて転倒しやすいので、しっかりと見守っていく |

（図：シャワー／プール大／プール小／休憩スペース）

・プール（大）　…水深 15cm
・プール（小）　…水深 5cm

> 他職員との連携で、自分が準備する部分と他職員に準備してもらう部分がある場合は、書き分けておくとよいでしょう。

| 10：05 | ・水分補給する | ・休憩スペースに座り、麦茶を飲むよう促す | ・「おいしいね」と共感する |
| | ・手遊びする
「ワニの親子」 | ・「一緒にしようね」と明るく声をかける | ・体を休める間、飽きないように楽しい雰囲気を心がける |

時間	子どもの活動	保育者の援助	援助の留意点
10：15	・おもちゃを使って水遊びをする	・水遊び用のおもちゃを出し、一緒に遊ぶ	・おもちゃを使って水の面白さを感じている姿に共感していく
10：35	・片付け、シャワーをする	・片付けの声かけをし、シャワーを終えた子から入室を促す	・気持ちを切り替えられた子から順にシャワーを他職員にしてもらう
	●着替え・排泄をする	・洋服を並べて置いておく ・着替えの援助をする ・トイレに誘う	・顔色、機嫌の変化や傷の有無を確認しながら援助する ・トイレを指差し、「一緒に行こう」と声かけ動作も交えてトイレに誘う
11：00	●給食 ・手洗いをする	・ハンドソープの適量を使っているか確認していく	・「（ポンプは）ギュッ！1回だね」と子どもの動きに合わせて声をかける。 ・順番を抜かそうとする子には「早く洗いたいね、もうすぐだよ」など気持ちを受け止める
	・給食を食べる ・タオルをしまう	・CDをかけ、楽しい雰囲気をつくる	・食べようとする意欲を大切にする ・スプーンの持ち方を丁寧に伝える
12：00	●午睡準備 （着替え、排泄）	・個々に合わせて午睡準備を促す	・1人でしようとする気持ちに寄り添う ・一人ひとりのできることを把握し促す
	●歯みがきをする	・座らせてから歯ブラシを渡す ・仕上げみがきをする	・「しゅっしゅっ」など歯をみがく雰囲気を出し歯ブラシの扱い方に配慮する ・仕上げみがきは優しく丁寧に行う

> このような活動時間はバタバタとし、けがや子ども同士のトラブルが起きやすくなります。作業にばかり目が向かないよう全体をみましょう。

> ほかに「名前を確認しながら間違えないように着替えの援助をする」
> 「補助の先生と手分けをして子どもの流れを止めないようにする」
> 「早く終えた子にはまだ終わっていない子の手伝いを促し、関わりを楽しめるようにする」など。

> ほかに「手を添え、一緒に口元に運ぶ」
> 「一緒に食べ、楽しい雰囲気づくりをする」
> 「アレルギー児に十分配慮し、誤配しない」など。

第❸部 指導案とは

時間	子どもの活動	保育者の援助	援助の留意点
	●絵本をみる 「わにくんのさんぽ」	・絵本を読み聞かせる 0歳児指導案参照。	・ゆったりとした雰囲気を心がける
	●午睡する	・個々に応じて、添い寝や優しくトントンをする	・室内の温湿度に配慮し、気持ちよく眠れるようにする
14:40		・着替えやおやつの準備をする	・スムーズにおやつの活動に入れるよう作業をイメージして設定する
14:45	●目覚める ●着替え・排泄をする	・採光をし、換気をする ・一人ひとりに声をかけ寝起きの様子を確認する	・自然に目覚められるようにする ・起きた子どもから誘っていく ・表情や機嫌、顔色に変化がないか確認しながら着替えを促す
15:00	●おやつ ・手洗いをする ・おやつを食べる ・タオルをしまう	・流し残しがないか確認する ・こぼさないように食べられるよう言葉かけをする ・自分の袋にしまえているか見守る	・「ここに泡がついてるね」など声をかけ、気づかせていく ・「お皿の上で食べられるかな」「こぼすともったいないね」など声をかける ほかに「皿を傾け、スプーンですくいやすくする」「『○○ちゃん、お口大きくてきれいに食べるね』と周囲に気づかせる」など。
	●室内遊び ・ブロック ・絵本 ・うた ・クッションボール （室内配置図：クッションボール、ブロック、絵本、ロッカー、CDデッキ）	・一緒に遊ぶ ・検温する（A先生） ほかにひも通しや簡単なパズル、クレヨンでの描画など手先を使って遊んだり、布団を使い登ったり滑ったりして全身で遊ぶなど室内で集中したり発散できる遊びがあります。いろいろと考えておくとよいでしょう。	・言葉やしぐさを優しく受け止めていく ・おもちゃを投げて楽しむ子には危険を伝えたり、投げて遊べる環境を整えるなど配慮する ・ブロックで色遊びをしたり、つなげたりすることを一緒に楽しむ
16:45	●排泄・おむつ交換する	・個々にトイレに誘う ・連絡帳、荷物をまとめる	・保護者や遅番保育者に子どもの様子を伝えたり、引き継ぎをする
17:00	●合同保育		

指導案例

保育所実習指導案（2歳児）

指導実施日： 平成　　年　2月　10日（　）

2歳児すみれ組　男児16名、女児8名　計24名　　実習生氏名：○○○○

幼児の姿	ねらい・内容
・自分の身の周りのことは自分でしようとする一方、保育者にしてもらいたがる姿もみられる。 ・集中してブロックや描画など指先を使った遊びをする。 ・遊びの中で友だちとのやり取りを楽しんでいる。	●新聞紙遊びを楽しむ。 ・指先を使ってちぎったり、イメージをもちながら遊ぶ楽しさを味わう。

時間	子どもの活動	保育者の援助	援助の留意点
8：30	●順次、登園する	・笑顔であいさつを交わす ・視診する （顔色、機嫌、けがの有無）	・保護者から家での様子を聞いたり、早い登園児の引き継ぎを職員間で行う
	●好きな遊びをする ・ブロック ・描画 ・絵本	・一緒に遊ぶ ・登園してくる子に朝の支度を促す ・連絡帳に目を通す	・危険のないよう見守りながら遊びに誘う ・朝の支度をせずに遊ぶ子には、支度を終わらせるよう促す ・他職員と声をかけ合い、手際よく作業を進める
8：45	●片付ける	・片付けを促す	・一緒に片付けをする

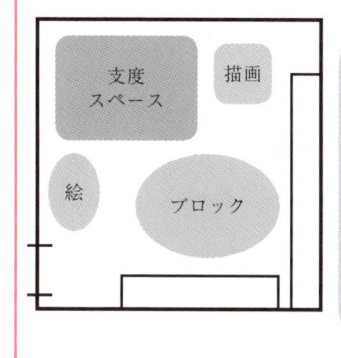

（室内配置図：支度スペース、描画、絵、ブロック）

> 朝の受け入れ時は、子どもの遊びをみるだけではなく朝の支度、連絡帳確認、朝のおやつ準備などいろいろとすることがあります。自分のすべき作業を把握し、それを書きましょう。実際はほかの作業の様子も把握しながら進められるといいですね。

> ほかに「片付けない子にはお願いねとおもちゃを渡し気付かせる」「おやつにしよう、と次活動への期待をもたせる」なども考えられます。

第❸部　指導案とは

時間	子どもの活動	保育者の援助	援助の留意点
	●排泄・おむつ交換をする	・トイレに誘う ・おむつを交換する ［おむつ交換スペース／テーブル／テーブル／テーブル の配置図］ ・テーブルを出し、おやつの準備をする	・排泄後の手洗いがきちんとできているか確認する ほかに「ズボンのあげおろしができているか」「ペーパーの量は適切か」「順番を待っているか」「排泄後、忘れずに流しているか」「きちんと手洗いしているか」「タオルで水分を拭きとれているか」など留意点はいろいろ考えられます。
9：00	●おやつ ・手洗いをする ・おやつを食べる ・タオルをしまう	・丁寧に洗っているかみる ・食器の片付けを促す ・振り回して遊ばないよう声をかける	・自分で進んでしようとする気持ちを認めながら、丁寧に行う意識がもてるように言葉がけをする
	ほかに「手洗いをする→腕まくりをするよう声かけをする」「自分のマークのところに座る→できるだけ自分で探せるよう見守る」「おやつを食べる→こぼさないように声かけする・食べ残しや飲み残しがないか確認する」「あいさつをする→姿勢よくできるよう声かけする・丁寧にあいさつする姿を認める」「タオルをしまう→間違えずに自分のカバンにしまっているか見守る」など。		
	●排泄・おむつ交換をする	・トイレの誘いかけをする	・おやつ前に尿意のなかった子には必ず声かけし促す
	個々によって排尿間隔は異なります。尿意がないところを無理に連れて行く必要はないですが、「出ない」と主張してもトイレに行くとたくさん出た、ということもあります。出なくても習慣として全員行くところもあります。実習園のやり方を確認してどのような体制でトイレタイムに取り組むか書いておきましょう。		
9：25	●手遊びをする	・一緒に手遊びをする	・手遊びをして一度全体を落ち着かせる

時間	子どもの活動	保育者の援助	援助の留意点
9：30	●新聞紙遊び 新聞紙をちぎる ・〃 丸める ・〃 集める ・〃 投げる ・新聞紙の上に寝転ぶ ・新聞紙を降らせる 新聞紙で様々な遊び方が考えられます。ほかにも新聞紙でボールを運んだり、何かを包んだり、服に見立てたり予想される子どもの姿を考えて書きましょう。	・新聞紙半分大を1人1枚渡す ・指先を使い、様々なちぎり方を一緒に楽しむ ・ちぎったものを見立てて伝える姿を受け止める ・どんどんちぎり、部屋を新聞紙いっぱいにする ・ちぎった新聞紙を集めて降らせて盛り上げる	・「誰が一番長いヘビさん作れるかな？」「次はアリさんみたいに小さいの」とイメージしながら楽しめる言葉がけをする ・子どものイメージしたことを拾い上げ、周囲に広め盛り上げる ・子どもがちぎり疲れる前に次の展開につなげていく ・興奮して周囲とぶつかったり、滑ったりしないよう声かけをしながら一緒に楽しむ けがに要注意！
9：45	・新聞紙をビニール袋につめる ・袋を放って遊ぶ ・鬼の顔に投げる ・鬼の口を狙って投げる	・1人1枚ビニール袋を渡す ・ビニール袋の口を閉じる ・鬼の顔（小フラフープ）を出す（赤鬼・青鬼） ←小フラフープ	・「何ができるかな」と期待をもたせて誘う ・豆まきのイメージから「鬼が来たよ」 ・「鬼は外〜」とビニール袋を投げ、誘いかける ・飽きたり、違うイメージの子には無理じいせず、個々の動きを受け止める
10：10	・片付ける	・少しずつ散らかった新聞紙をまとめていく ・新聞紙入りビニール袋をかごに集める	・新聞紙で滑らないようこまめにまとめる ・フラフープを片付け、「鬼が外に逃げていったよ。外に追いかけよう」とイメージをつなげ期待をもたせる
10：30	●排泄・おむつ交換をする ●身支度をする （上着・帽子・靴下・靴）	・トイレに誘う ・おむつを交換する ・身支度の援助をする	・「すっきりしたね」と気持ちを言葉にして受け止めていく ・服の前後や靴の左右が正しく着用できているか確認する 自分でやりたい2歳児は間違いを指摘されると途端にすねることも。自分でできたことを優先してあげてさりげなく整えてあげられるといいですね。
10：50	●周辺散歩をする ・みたり、感じたりしたことを言葉にしたり、触れたりする	・随時、人数確認する ・子どもに共感していく	・「冷たいね」「霜柱だね」「ここはあったかい」など子どもの発言に重ねて返す

時間	子どもの活動	保育者の援助	援助の留意点
	●手洗い・うがいをする	・うがいの仕方を丁寧にみる	・「お空みえるかな」「あ～って言ってみよう」など言葉がけする
11：20	●入室・着替え・排泄をする	・自分から尿意を知らせる姿をほめていく	・顔色、機嫌の変化や傷の有無を確認しながら援助する

> いつの間にかできているすり傷やひっかき傷。着替え時などに、この時点では傷はなかったと確認しておくと、いつできたものなのか推測しやすくなり、原因を特定しやすくなります。

時間	子どもの活動	保育者の援助	援助の留意点
11：45	●給食 ・手洗いをする ・いすに座る	・手洗い後、しっかり手が拭けているか確認していく ・口拭きタオルを配る ・配膳する	・「濡れていると、手がかゆくなるよね」など声をかけ意識できるようにする ・配り間違えないよう名前を確認する

> 食物アレルギー児に対応した給食を提供している保育園では、給食配膳に細心の注意を払うことも必要な留意点です。

時間	子どもの活動	保育者の援助	援助の留意点
	・「いただきます」のあいさつ ・給食を食べる ・「ごちそうさま」のあいさつ ・タオルをしまう	・楽しく食べながら食材に興味がもてるようにする	・「何が入っているかな」「これは体が丈夫になるんだよ」など声かけする

> ほかに「スプーンやフォークを正しく持つよう促す」「手を茶碗に添えて食べているか確認する」「よく噛む姿を受け止める」などマナーやしつけの面の援助も考えられます。

時間	子どもの活動	保育者の援助	援助の留意点
12：30	●午睡準備 （着替え、排泄、検温）	・ボタンかけを自分でできるよう援助する	・子どもがボタンをかけやすいように穴を少し広げさりげなく手伝う

> ほかに「脱いだ服を自分なりにたためているか」「パジャマの裏表・前後を気にかけているか」「トイレでお尻の拭き残しがないか」「検温しながら、顔色や表情に変化がないか」などの視点も考えられます。

時間	子どもの活動	保育者の援助	援助の留意点
	●歯みがきをする	・仕上げみがきをする ・うがいを促す	・仕上げみがきは優しく丁寧に行う ・「口を閉じてぶくぶく～」と動作を言葉にして促す
	●絵本をみる 「はらぺこあおむし」	・絵本を読み聞かせる	・ゆったりとした雰囲気を心がける
12：45	●午睡する	・自分から布団に入り、静かに眠る様子を見守る	・室内の温湿度に配慮し、気持ちよく眠れるようにする

時間	子どもの活動	保育者の援助	援助の留意点
14:45	●目覚める	・採光をし、換気をする	・起きた子どもから誘っていく
15:00	●着替え・排泄をする	・脱いだパジャマがたためているかみていく	・「アイロンかかっているかな」など丁寧にたたむことを気づかせる
15:20	●おやつ ・手洗いをする ・おやつを食べる ・タオルをしまう ●荷物まとめ (タオル、連絡帳、コップ)	・丁寧に洗うよう促す ・こぼさないように食べられるよう言葉かけをする ・しまい忘れ、入れ間違いのないよう確認する	・「冷たくてもしっかり洗おうね」と声をかけ見守る ・「お皿をもっているかな」「口を閉じるとこぼれてこないね」など声をかける ・なかなか取りかからない子には「用意、ドン」など気持ちを刺激する
16:00	●帰りの会をする ・歌を歌う「ゆき」 ・紙芝居をみる「ももちゃん」 ・さようならのあいさつをする	・帰りの会を進めていく	・子どもが集中して聞けるよう声に抑揚をつけて話をする
16:15	●室内遊び ・ブロック ・絵本 ・パズル ・ままごと ・鬼あてあそび	・一緒に遊ぶ	・午前中に遊んだ遊びを用意し、続きを楽しめるようにする ・友だちとのトラブルでは、お互いの気持ちを聞き出し伝えていく
16:45	●排泄・おむつ交換する		・保護者や遅番保育者に子どもの様子を伝えたり、引き継ぎをする
17:00	●合同保育		

> 朝のおやつと同じ援助をするか、異なる援助にするか考えて書いてみましょう。

> 動的・静的なものをそれぞれ考えておくとよいでしょう。

> ほかに「じっくりと取り組む姿に寄り添う」「見立てて遊ぶ様子を受け止める」など。

指導案例

保育所実習指導案（3歳児）

指導実施日： 平成　年　8月　16日（　）

3歳児ふじ組　男児11名、女児13名　計24名　　実習生氏名：○○○○

幼児の姿
- ほとんどの子が生活の仕方が分かり、進んで自分のことをしようとしている。
- 気の合う友だちと一緒に遊ぶが、ぶつかり合うことが多い。
- 一人遊びや保育者との関わりを好む子もいる。

ねらい・内容
- ボディペインティングを楽しむ。
- ペイントの感触を楽しんだり、色の変化に気づいたりする。

時間	子どもの活動	保育者の援助	援助の留意点
8：30	●順次、登園する	・笑顔であいさつを交わす ・視診する （顔色、機嫌、けがの有無）	・保護者から家での様子を聞いたり、早い登園児の引き継ぎを職員間で行う
	●園庭で好きな遊びをする ・砂場　・すべり台 ・どんじゃんけん ・ジャングルジム ・鉄棒　・三輪車 ・ミニバイク	・一緒に遊ぶ （園庭図：砂場、どんじゃんけん、三輪車・ミニバイク、園舎）	・危険のないよう見守りながら遊びに誘う ・ジャングルジムと鉄棒は大人が必ず付き添う ほかに「順番を待って遊べるよう仲立ちをする」 「好きな遊びを一緒に探していく」 「汗を拭くよう促す」 「こまめに水分補給を促す」など。
8：50	●片付けをする	・片付けの声かけをする	・片付け忘れがないか確認する ほかに「片づけをしていない子には個々に声をかけ促す」 「一緒に片づけ、やり方を示す」など。
9：00	●入室する ・手洗いをする	・手洗いの様子を見守り、終えた子から入室を促す	・「面白い遊び、用意したよ」と期待をもたせ、入室を促す
	●トイレに行く	・順番が守れているか見守る	・押したり、割り込んだりするトラブルに相手の気持ちを伝えていく
	●水分補給をする	・適量を飲んでいるかみる	・飲みすぎると体がだるくなることを思い出せるような声かけをする

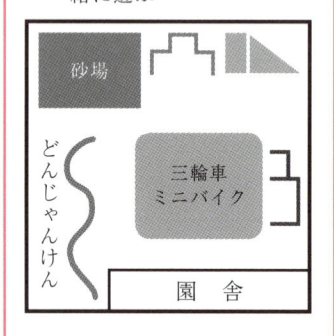

時間	子どもの活動	保育者の援助	援助の留意点
9：10	●朝の会をする ・朝の歌、あいさつ ・出欠確認	（図：↓実習生／↑子ども の配置図）	・静かに話を聞く姿勢を大切にし、子どもから出た声を受け止めながら進めるようにする
			おおまかな絵図を書いておくとわかりやすいです。
	・ボディペインティングの話を聞く ・約束事を聞く	・用意したペイントをみせ期待をもたせていく ・口にしない、目に入れない、壁に塗らないことを伝える	・「これでお絵かきするよ」「絵の具とはちょっと違うみたい」「どんな感じかな」など声をかけ触れてみたい気持ちにさせる
9：25	●着替え・準備 （Tシャツ・帽子）	・汚れてもよいシャツに着替えるよう促す	・一人ひとりが汚れてもよいシャツに着替えているか必ず確認する
9：40	●ボディペインティング ・はだしでテラスに出る ・ペインティングで遊ぶ ・テーブル ・たらい ・トレイ ・ペイント（赤・青・黄） ・手や足で感触を味わう ・腕や足に塗る ・顔や体に塗る ・色の変化を楽しむ	・テラスに誘う ・たらいの中に用意したものをトレイやテーブルに出す ・指で触ったり、腕に塗りつけたりする ・一緒に遊ぶ ・Tシャツを脱がせる ・混色をつくり、興味を引き出す	・テラスが熱くないか十分注意する ・口や目に入れていないか声をかけながら目を配る ・「気持ちいい〜」「冷たいよ」など感じたことを言葉にし伝える ・様子をうかがっている子には無理じいせずタイミングをみて誘う ・楽しんでいる子にはシャツを脱がせ更にダイナミックに遊べるようにする ・「赤と黄色、混ぜたらどうなるかな」など言葉にして興味をもたせる
		子どもがどのように感じて取り組んでいるか想像したり、自分はこの活動で何を子どもに経験してほしいかを考えた上で、自分の具体的な行動や言葉がけ、配慮を書いておくとよいですね。	
10：15	●片付け ・たらいの水で落とす ・シャワーを浴びる	・たらいに水を張る ・シャワーで洗い流す	・たらいの水の感触を楽しみながら洗い流せるようにする ・ゆったりと進められるようにする

時間	子どもの活動	保育者の援助	援助の留意点
10:40	●着替え・トイレ・水分補給	・進んで身の回りのことが行えているか見守る	・「着替えとトイレとお茶の3つだよ」とするべきことを端的に伝える

ほかに「汚れた服はビニール袋に入れて渡す」
「時間のかかる子にはまめに声をかけ先を促す」
「シャワー後に自分なりに拭こうとする姿を認める」など。

時間	子どもの活動	保育者の援助	援助の留意点
11:00	●室内遊びをする ・ままごと ・ブロック ・絵本	・室内の温度調節をする ・一緒に遊ぶ	・快適に過ごせるよう温度調節する ・「○○ちゃんはこうなんだって」とお互いの思いを丁寧に伝える ・イメージしていることがより鮮明になるように口添えや提案をする
11:35	●片付け	・片付けを促す	・一方的に他児のものを片付けないよう、相手の気持ちを伝えていく
11:45	●給食準備 (排泄・手洗い・タオル用意)	・進んで動く姿を認めていく ・作業が雑になっていないか確認する	・個人差が出るので、個々に丁寧に行うことや進んで動くことを伝える

合間の活動は個々の動きが衝突してトラブルも多くなりやすい活動です。気を抜かず、見守りましょう。

時間	子どもの活動	保育者の援助	援助の留意点
	●給食 ・当番が配膳する ・手遊びをする ・いただきますのあいさつ	・一緒に配膳する ・配膳の確認をする ・一緒にあいさつする	・当番が両手で皿を持って運べているか確認する。また、待っている子どもたちが静かにしている姿を認めていく

ほかに「茶碗の位置や箸の向きが合っているか確認する」
「汁物は大人が配膳する」など。

時間	子どもの活動	保育者の援助	援助の留意点
12:05	・給食を食べる ・順次、食器を片付ける	・茶碗を手に持ち、姿勢よく食べるよう言葉がけをする	・「かっこいいね」など声をかけることでマナーを意識できるようにする

時間	子どもの活動	保育者の援助	援助の留意点
	●午睡準備 （歯みがき、着替え、検温） ●静的遊び ・絵本　・お絵かき	・歯の仕上げみがきをする ・体調の変化やけがの有無を確認する	・午睡準備をせずに遊び出す子がいるので、声をかけていく ・着替えているときに傷や打ち身がないか、だるそうにしていないかなどチェックをする
12：45	●片付け		
12：55	●午睡 ・トイレに行く ・布団を敷く ・絵本をみる 「あおくんときいろちゃん」	・並んで待つ様子をそばで見守る ・換気をし、布団を配る ・絵本を読む	・順番で待っている姿を認めていく ・布団を丁寧に整えている姿をほめる ・ゆったりとした雰囲気を心がける
	・おやすみなさいのあいさつ ・布団に入る	・自分から布団に入り、静かに眠る様子を見守る	・室内の温湿度に配慮し、気持ちよく眠れるようにする ・眠れない子には背中をさすったり、トントンしてくつろげるようにする ・おしゃべりをする子には周りの子の気持ちを伝える
14：45	●目覚める ・布団を整え、片付ける	・採光をし、換気をする ・1人ずつ声をかけていく ・布団をしまう	・起きた子どもからトイレに促す ・顔色や機嫌の様子を把握する
	●着替え・排泄をする	・着替えと排泄の促しをし、必要な場合は援助する ・服の前後、表裏を正しく着ているかみていく	・できるだけ自分で進んでできるよう手を出しすぎない ・間違えている子には「どうかな？」と声をかけ気付かせる

歯みがき
絵本 お絵描かき
着替え

> ほかに「自分なりに丁寧に歯みがきをしているか見守る」「脱いだ衣服を丁寧にたたんでいるか確認する」「片付けの時間の少し前に『長い針が9になったら片付けだよ』と声をかけておく」「ゆったりできるような音楽をかける」など。

> 題名を書きましょう。絵本や紙芝居を選ぶポイントとして子どもの生活や活動に密接したものを選ぶと共感されやすいです。

> ほかに「音楽を流し、気持ちよく目覚められるようにする」「自分なりに布団を直す姿を認めていく」など。

第❸部　指導案とは

時間	子どもの活動	保育者の援助	援助の留意点
15：00	●おやつ ・手洗いをする ・当番が配膳する ・いただきますのあいさつ ・おやつを食べる ・ごちそうさまのあいさつ ●荷物まとめ （タオル、連絡帳、コップ）	・遊び出さないよう見守る ・一緒に配膳する ・楽しく会話をしながら食べる姿に共感する ・しまい忘れ、入れ間違いのないよう確認する	・並んでいるお友だちの存在を知らせ気づけるようにする ・個々の話を受け止めながら周囲に広げ、会話をつなげていく ・「マークはなんだっけ？」と再確認させていく
16：00	●帰りの会をする ・お当番の引き継ぎをする ・歌を歌う「アイアイ」 ・紙芝居をみる「どろんこドロドロ」 ・さようならのあいさつをする ●園庭遊び ・滑り台　・三輪車 ・鬼ごっこ　・砂場 ・ジャングルジム	・帰りの会を進めていく ・ピアノを弾く ・紙芝居を読む ・一緒に遊ぶ	・会の流れを少し当番に任せていく ・トラブル時に手を出さずに、言葉で気持ちを伝えることを促す ・遊具に挑戦する気持ちを受け止め補助をする ・簡単なルールのある遊びで楽しんだり悔しがる姿に寄り添う
16：45	●片付けをする ●入室、排泄する	・きれいに片付けられているか確認する ・進んで動く姿を認める	・「次の人が使う時きれいだとうれしいね」など声をかけやる気を引き出す ・時間のかかる子には早めに声をかけ、差が開きすぎないよう配慮する
17：00	●合同保育 ・ホールに移動する	・列に並ばせ、ホールに行く	・保護者や遅番保育者に子どもの様子を伝えたり、引き継ぎをする

> ほかに「雑に片付ける子には個々に声をかけ丁寧にまとめさせる」など。

> 手順をしっかり書いておくとスムーズです。

指導案例

幼稚園実習指導案（3歳児）

指導実施日： 平成　　年　6月　15日（　）

3歳児はな組　男児13名、女児13名　計26名　　実習生氏名：○○○○

幼児の姿
- 実習生のいることに慣れ、関わりを楽しむことも増えてきたが困った時には担任に頼る姿がみられる。
- それぞれ好きな遊びがみつかって安定して遊んでいるが、保育者のいる場所で遊ぼうとする子が多い。
- 昨日プール開きをしたので水遊びへの期待が高い。

ねらい・内容
- 好きな遊びをみつけて楽しく過ごす。
- 先生と一緒に安心して過ごす。
- 好きな遊びや水遊びを楽しむ。
- ペープサート「ハメハメハ大王」をみて楽しむ。

時間	環境構成	予想される幼児の活動	保育者の援助
8：50	・ビニールプール（3）には水を10センチ程度（少なめに）入れ太陽に当てて温めておく ・プールカードを出し忘れないように、必ず子どもが通るところに机を出しカゴを置いておく ・出席者、欠席者の確認を行い、保育者同士で共有する。事務室に報告する ・プールカードの確認や出席カードの確認を行う ・ほかの保育者の位置を把握し、保育者の位置があまり重ならないように留意し、全体をみられるようにする	（登　園） ●登園時の活動をする ・先生とあいさつをする ・所持品の始末をする ・プールカードを出す ・出席カードにシールを貼って出席カードをカゴに入れる ●好きな遊びをする ままごと、ブロック、ぬいぐるみ、三輪車、砂場、花摘みなど	・明るく迎え、一人ひとりにあいさつしたり言葉をかけたりしながら視診を行う ・プールカードを忘れずに出すよう声をかける ・出席カードのシール貼りを見守りながら、今日の遊びのことや天気のことなど楽しく会話する ・戸外に遊びに行く子がいたら、ほかの保育者に連絡をして一緒に出てもらう ・水を温めるため出してあるビニールプールでは遊ばないよう伝える ・じっくりと好きな遊びに取り組めるよう、タイミングをみて遊びに加わり、遊びの中のイメージを膨らませて楽しめるように関わる
10：00		●片付ける	・遊びの様子をよくみて、区切りのよいところで片付けられるように配慮する ・楽しく片付けられるよう、先生と一緒に行い、できたことはその場でほめるようにする ・この後水遊びをするので、全員が排泄できるように見届ける
	・トイレをみる保育者と、終わった子たちを集める保育者に分かれ、連絡を取り合いながら進める	●うがい、排泄、手洗いをする	・全員が集まるまで時間がかかる時には、楽しい手遊びをして待つ。最後に来た子もできるようにする

> 水遊びでは安全が一番大切です。いろいろな確認がありますが慎重に行います。

第❸部　指導案とは

時間	環境構成	予想される幼児の活動	保育者の援助
10：15	・着替えスペースにいすを並べておく	● ピアノの前に集まって先生の話を聞く	・これから水遊びができることを伝え、着替えの手順を確認する →①プールバッグを取ってからいすに座る ②脱いだものはまとめていすの上に置き、脱いだ靴下は上靴に入れていすの下に置く ③タオルを脱いだものの上に置いておく
10：30	・体調により水遊びしない子は室内で遊ぶ 準備物： ・CDデッキ 準備物： ・プラスチック容器(20) ・じょうろ（10） ・ポンプ（10） ・ひしゃく（10）	● 水着に着替える ● 準備運動をする ● ビニールプールに入って遊ぶ 3歳児は一人遊びまたは保育者と遊ぶことが楽しいと思うようです。	・着替えはなるべく自分で行うように働きかけるが、できないところは援助する ・自然にたくさんの動きができるよう、音楽に合わせて元気に踊れるようにする ・保育者も一緒になって水遊びを盛り上げるようにする ・全体の安全に配慮しながら、一人ひとりの子が楽しめるように声をかけていく ・すぐに寒くなってしまう子もいるので、一人ひとりの様子をよくみて早めに水から上げるようにする
11：10	準備物： ・片付け用のカゴ ・着替え終わった子のいすを片付け、ランチコーナーに移す	● 片付ける ● 着替えてプールバッグを片付ける ● 排泄、うがい、手洗いをする ● ピアノの前に座って待つ	・使った道具などを自分で片付けるよう声をかける。できている子は認めていく ・体の拭き残しがないよう注意を促す。頭から下に向かって順番に拭けるよう具体的に伝える ・濡れた後の着替えは難しいので、必要なところは手伝いながら自分で頑張る姿を認め、水遊びの満足感を大切にする ・絵本をみるので、ピアノの前に集まって座るよう伝える ・楽しみになるように「はじまるよ」の手遊びをする
11：30		● 絵本「どろんこハリー」をみる ・手遊び「はじまるよ」をする ・絵本をみる	・ハリーの面白いいたずらがよくわかるように読む ・家庭の犬の話やいたずらの話などを話題にしながら和やかに読後を楽しめるようにする

時間	環境構成	予想される幼児の活動	保育者の援助
11:45		●排泄、手洗いをする ●昼食時の活動をする ・弁当とカップをリュックから出してきて座る ・「いただきます」をする	・昼食にすることを伝え、排泄や手洗いを促す ・リュックから弁当とカップを出してきてランチコーナーに座っているよう伝える。 ・みんなが揃ったら楽しい手遊びをして「いただきます」をする ・水遊びの楽しかったことなどを話しながら子どもたちと一緒に楽しく昼食を取る ・水遊びで疲れている子もいるので、一人ひとりの様子をよくみながら援助する
	・お茶を注いで回る		
		3歳児では、なるべく待たせないで「ごちそうさま」をしますが、次第に待ってからみんなで「ごちそうさま」をするようにしていきます。	水遊びの後はかなり疲れてしまいます。無理させないようにしましょう。
	・食べ終わった子の席の辺りを順次きれいに整える	・食べ終わったら各自で「ごちそうさまでした」をし、片付ける ・口すすぎをする ●好きな遊びをする ・絵本　・ままごと ・ブロック　・散歩 ・三輪車　・ブランコ	・のんびりと好きなように過ごせるように見守る。子どもの要望に応じて絵本を読んだり、ブランコを押したりなどする
13:35		●片付ける ●うがい、排泄、手洗いをする	・保育者と一緒に使ったものを元の場所に戻すようにする ・ピアノの前に集まるよう伝える
	準備物： ・ペープサート ・音楽CD ・ペープサートの台	●手遊びをしたり、ペープサート「ハメハメハ大王」をみたりする	・手遊び「くいしんぼうのゴリラ」を楽しく行う ・ペープサート「ハメハメハ大王」のお話を演じる。南の島をイメージしながら楽しめるようにする
		●降園時の活動をする ・身支度をする	・なるべく自分で身支度できるように声をかけるが、プールバッグには慣れていないので忘れないよう言葉をかけ確認する
	・プールカードと出席カードを返却する。可能なら手分けして手早く行う	・プールカードと出席カードを返してもらい、リュックにしまう ・出口のところで座って待つ 　　　　（降　園）	・預かり保育の子どもには今日はこの後預かり保育の部屋に移動することを伝える ・一人ひとりと言葉を交わし、満足感をもって帰れるようにする
14:00			

指導案例 雨天時 水遊びのない日（代わりに小麦粉粘土で遊ぶ）

時間	環境構成	予想される幼児の活動	保育者の援助
	登園時から片付けまでは晴天時と同様		
10：15		● ピアノの前に集まって先生の話を聞く	・今日は雨天で予定していた水遊びができないが、小麦粉粘土で遊ぶことを伝え期待を高める
	準備物： ・小麦粉粘土（前日に途中まで練ったもの） ・粘土板 ・ビニールシート ・プラスチックカップ ・割りばし など ［ピアノ／ロッカー／粘土板／ままごと／ビニールシート／上靴はぬぐ］	● 小麦粉粘土で遊ぶ ・様子をみながら触る子もいる ・引っぱったり、ちぎったり丸めたりして感触を確かめる子もいる	・腕まくりをするように言い、靴下を脱ぎたい子は脱ぐよう伝える ・用意しておいた小麦粉粘土を出してきて一人ひとりに渡す。よくこねるように伝え、実際に保育者もやってみせる ・「こねこね」「ぺたぺた」など楽しく言葉で表しながら、次第に自分のペースで感触を味わったり伸ばしたりすることを楽しめるようにする ・手で扱うだけでなく、足で踏んだり膝を使ったり、全身を使って気持ちよく遊べるようにしていく
11：15	・バケツを数か所に用意して片付けやすくする	● 片付ける （昼食時から降園までは晴天時と同様）	・楽しかった気持ちを大切にしながら粘土を集めていく

指導案例

幼稚園実習指導案（4歳児）

指導実施日： 平成　　年　9月　24日（　）

4歳児くま組　男児10名、女児10名　計20名　　　実習生氏名：○○○○

幼児の姿	ねらい・内容
・好きな友だち数人と一緒に遊ぶことを喜び遊びによって大人数になることもある。 ・ルールのあるゲームをするが、ルールを守れないで遊びが中断しやすい。	●ルールのある遊びを楽しむ。 ・ルールを守って遊ぶ楽しさがわかる。 ・負けても気持ちの切り替えをしようとする。

時間	環境構成	予想される幼児の活動	保育者の援助
8:45〜9:00	（保育室の図：連絡帳入れ、タオル掛け、かばん掛け） （園庭の図：砂場、爆弾ゲーム、園舎）	●登園する ・あいさつをする ●所持品の始末をする ・連絡帳にシールを貼る ・タオルを掛ける ・カバンを掛ける ●園庭で好きな遊びをする ・帽子をかぶる ・園庭で遊ぶ 　・鉄棒　・登り棒 　・すべり台　・砂場 　・ジャングルジム 　・爆弾ゲーム	●あいさつをする ・明るく声をかけ、子どもの顔色や機嫌などをみる 保護者に様子を聞く ●朝の支度を促す ・支度の流れが一人ひとりできているか確認し、進まない子には促しの声かけをする ●一緒に遊ぶ ・朝の支度を終えた子から園庭へ誘う ＜鉄棒・登り棒＞ ・友だちと認め合いながら挑戦する姿を認め、補助をする ＜すべり台・ジャングルジム＞ ・遊具を家や基地に見立て、ごっこ遊びを楽しむ姿を受け止めていく ・落下に十分気をつける ＜砂場＞ ・型抜きで砂の素材を楽しんだり、ままごとで友だちとのやり取りを楽しむ姿を認めていく ＜爆弾ゲーム＞ ・ルールを守って遊べるよう見守る。ボールの取り合いで遊びが中断しやすいので仲立ちをし個々の思いを伝えていく
10:00		●片付けをする	●片付けを促す ・一緒に片付ける。砂場は時間がかかるので少し早めに声をかける

> 自由遊びでは、子どもたちが今どのようなものに興味をもって遊んでいるか把握し、それぞれに自分はどのように関わろうか、または中心的に見ようと思うことなどを書いておくとよいでしょう。

> ほかに「誰がどこで遊んでいたか把握し、片付けを促す」「遊びの区切りのよい時に声をかける」など。

第❸部　指導案とは

時間	環境構成	予想される幼児の活動	保育者の援助
10：10		●手洗い・うがいをする ・水道に並ぶ ・順に手洗い　・うがい ・タオルで拭く ・入室する	●手洗い・うがいを促す ・手洗いが雑になっていないか確認する ・丁寧に行っている子を認め、周囲に広がるようにする
		●トイレ・水分補給	●トイレと水分補給をすませるよう促す
10：25	（円形に並んだいすの図）	●いすに座る ・いすを運ぶ ・円形に座る	●円形に座るよう声をかけ形作る ・運ぶ際、はさんだりぶつけたりしないよう静かに運ぶことを伝える
		●朝の会をする ・朝の歌を歌う 「おはようのうた」 「すうじのうた」 ・返事をする	●朝の会を進める ・ピアノを弾きながら歌う様子をみる ・怒鳴らないよう声をかける ・出欠確認でははっきりと声を出すよう声をかける

ほかに「気持ちのいい返事だねと認める」「当番がスムーズに進行できるよう補助する」など。

| 10：35 | （カゴとブロックの図）

・Bブロックを入れたカゴ
赤、青、黄：各7個 | ●フルーツバスケットをする
・「リンゴ」「いちご」「ぶどう」
・「レモン」「バナナ」など声を上げる

・Bブロックを1人1個受け取る | ●フルーツバスケットの導入をする
・Bブロックの入ったかごを持ち、「いらっしゃい、いらっしゃい。果物屋です。何の果物がいいですか？」
・子どもの声を受け止めつつ、「今日のおすすめはイチゴとぶどうとバナナ！」と黒板に果物の絵を描く
・特別サービスと言い、1人ずつに「はい、イチゴ」「バナナ、どうぞ」と配る |

どのようにして興味をもたせていこうか、ほかにも考えて書いてみましょう。

＊色を指定してきた場合は、できるだけ思いを汲む。ない場合は「売り切れ」または周囲と交換してもらう

| | | ・呼ばれたら起立する

・呼ばれたら移動する

・「フルーツバスケット」で全員移動する | ・果物の名前を言い、立つよう促す
・次は呼ばれたら別のいすに座るよう促す
・理解ができたら「フルーツバスケット」と言ったら全員移動することを伝え行う |

時間	環境構成	予想される幼児の活動	保育者の援助
		・ゲームを行う	●フルーツバスケットのゲームをする ・「♪イチゴ、ぶどう、バ・ナ・ナ、フルーツバスケット♪」と盛り上げる ・全員が座れるゲームを繰り返す ・いすを一つ減らしてゲームをする ＊時間があれば、Bブロックの色や果物を変えて遊ぶ
10:55		●いす取りゲームをする ・いすを背中合わせに円を作る ・いすの周りを歩く ・いすに座る	●いす取りゲームの導入をする ・「いすの周りをお散歩だよ」「前のお友だちにくっついて歩けるかな」「ちょっと休憩。一番近くのいすに座ろう」と動きの流れを確認する ＊走らない、前の子を押さない、いすに触らないことを伝える
		・ゲームを行う（2回） ・いすを片付ける	●いす取りゲームをする ・ピアノを弾いたり、止めたりする ・全員が理解して動けたらいすを減らす ・もう一度行い、盛り上げる
11:10		●トイレに行く	●トイレを促しながらテーブルを出す
	テーブル 2台合わせ　3台	●手洗い、うがいをする ●お弁当準備をする ・いすを運ぶ ・通園カバンを出す ・お弁当とコップを出す ●当番がお茶を注ぐ	●手洗い後に水を垂らしながら歩いていないか見守り声をかける ●お茶の用意をする ・お茶を廊下から取ってくる ・小さいやかんに注ぐ ●当番にお茶を注ぐよう声をかける ・やかんのふたを片手で押えながら注いでいるか見守る

わざと座らない子、座れずに泣く子などが出た場合、ゲームを滞らせないための配慮を考えておくとよいですね。

ほかに「並んで待っているときに押さないよう見守る」「丁寧に行えているか確認する」など。

ほかに「作業にばかり気が向かないよう全体の動きを把握する」「準備ができているか一人ひとり確認する」など。

時間	環境構成	予想される幼児の活動	保育者の援助
11:25		●お弁当を食べる ・当番がリードしていただきますのあいさつをする ・お弁当を食べる ・うがいをする ・お弁当とコップを通園カバンにしまう	・あいさつをはっきり言えているか見守り、場合によっては声をかける ・個々のお弁当量や内容を簡単に把握するため全体をみて回る ・食べ終えた子からお弁当の片付けを促す ・お弁当箱やコップを袋にしまってからカバンに入れているかみていく
12:15	<室内> [間取り図：ぬりえ、製作、ままごと、絵本] <園庭> ・朝と同じ	・静かに遊ぶ（絵本・ぬりえ） ・当番の声かけでごちそうさまのあいさつをする ●好きな遊びをする <保育室> ・絵本　・製作 ・ぬりえ　・ままごと <園庭> ・爆弾ゲーム　・固定遊具 ほかに「あまり体を動かしていない子に声をかけゲームに誘う」「テンポよく進め、楽しさが味わえるようにする」など。	・片付け終えた子から絵本やぬりえをして静かに待つよう声をかける ●好きな遊びを見つけられているか見守ったり声をかけたりする ・保育室内で要求してきたものを準備した後、園庭に出る ・園庭で爆弾ゲームの準備をし、誘う ＊ルールを守らない子には守って遊ぶ必要性を伝える ＊すぐ泣く子には気持ちを受け止めつつ気持ちを切り替えられるよう言葉をかけていく
13:05		●片付けをする ほかに「一緒に片付ける中で片付け方を伝えていく」「翌日に続けて遊べるよう配慮して片付ける」など。 ●手洗い・うがいをする ●トイレに行く	●片付けを促す ・ままごとと製作のコーナーは早めに声をかける ・ガラガラうがいを一緒にしながら丁寧にする意識をもたせる ●トイレに行くよう促す ・降園になるので全員行くよう声をかけ確認する
13:25		●帰りの会をする ・当番交代をする ・今日の出来事を振り返る ・紙芝居をみる 「おべんとうのえんそく」 ・さようならのあいさつ	●帰りの会を進める ・明日も遊びたいという期待が持てるような話題を中心にする ほかに「ゆったりとした雰囲気の中で行う」「個々の遊んだことを聞き出し、周囲に伝えていく」など。
13:40		●降園する ・身支度をする ・園庭に出る ・さようならをする	・身支度を終えた子から園庭に並ぶよう声をかけ、保護者の迎えの確認をしてさようならのあいさつをする

指導案例 保育所実習指導案（5歳児）

指導実施日： 平成　年　2月　10日（　）

5歳児さくら組　男児11名、女児13名　計24名　　実習生氏名：○○○○

幼児の姿
- 生活を自分たちで進められる。
- 男児も女児も仲良く誰とでも遊ぶ。
- クラスにポストがあり、手紙のやり取りがクラスではやっている。

ねらい・内容
- ●文字に興味をもつ。
- ●伝統的な遊びに親しむ。
- 手作りかるたを作って友だちと遊び、文字やかるたに親しみをもつ。

時間	環境構成	予想される幼児の活動	保育者の援助
7：00 〜 8：30	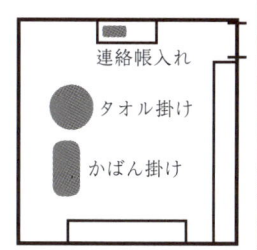 連絡帳入れ／タオル掛け／かばん掛け	●登園する ・あいさつをする	●あいさつをする ・明るく声をかけ、子どもの顔色や機嫌などをみる　保護者に家の様子を聞く
			＞ ほかに「鼻水や咳の有無を確認する」など、季節から特に健康面の配慮ができるといいですね。
		●所持品の始末をする ・連絡帳にシール貼る ・タオルを掛ける ・カバンを掛ける	●朝の支度を促す ・友だち同士、声をかけ合って支度を進める姿を認める
	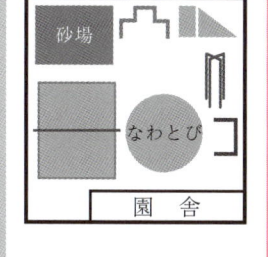 砂場／なわとび／園舎	●園庭で好きな遊びをする ・帽子をかぶる ・園庭で遊ぶ 　・鉄棒　・登り棒 　・すべり台 　・ジャングルジム 　・砂場　・なわとび 　・ドッジボール	●一緒に遊ぶ ・朝の支度を終えた子から園庭へ誘う ＜鉄棒・登り棒・なわとび＞ ・友だちと認め合いながら挑戦する姿を認め、必要な時は補助をする ＜すべり台・ジャングルジム＞ ・遊具を家や基地に見立て、ごっこ遊びを楽しむ姿を受け止めていく ・異年齢児との関わりを見守る ＜砂場＞ ・大きな山やトンネルを作ることを楽しんでいる。ダイナミックに遊ぶ様子を見守る ＜ドッジボール＞ ・自分たちで進める姿を認める。繰り返し遊ぶ中に一緒に入り、テンポをあげて盛り上げる

＞ ほかに「友だちと考えを出し合い楽しむ姿を受け止める」「試したり工夫したい気持ちを受け止め一緒にアイデアを出していく」など。

第❸部　指導案とは

時間	環境構成	予想される幼児の活動	保育者の援助
10:05		●片付けをする ・当番がチェックをする	●片付けを促す ・全クラスの中で一番最後に入室するので、整理整頓をしっかり行う ・当番に片付けの最終チェックの声かけをする
10:15		●手洗い・うがいをする ・水道に並ぶ ・順に手洗い ・うがい ・タオルで拭く ・入室する	・順番を静かに並んで待つよう声をかける ・入室までの流れを自分たちで進んで行えているか見守る。遊んでいる子がいたら他児に声をかけてもらい気づかせる
	ほかに「寒さで手洗い・うがいが適当にならないよう声をかける」 「終えた子からトイレに行くよう促す」など。	●トイレに行く ●テーブルを運ぶ ●いすに座る	●テーブルを出す ●グループごとに座るよう促す
10:25	テーブル 2台合わせ　4つ	●朝の会をする ・朝の歌を歌う 「おはようのうた」 「北風小僧の寒太郎」 ・当番が出欠確認をし、他児は返事をする	●朝の会を進める ・ピアノを弾き、一緒に歌う ・姿勢よく前を向いているかみる ・当番にあらかじめ欠席児と欠席理由を伝えておく
10:35	↑白　↑犬が骨付き肉をくわえている絵 ・はがき大　厚紙 （「あ」の段から「な」の段まで2枚ずつ） （「あ」の段はあらかじめ絵を描いておく）	●話を聞く ・「犬がお肉食べてる」 「犬がお肉盗んじゃった」 などの声が上がる ・「かるたみたい」「お正月に遊んだ」などの声が上がる	●カードを見せながら話をする（導入） ・クラスのポストの中に対になって入っていたこと ・1枚は絵が描いてあり、もう1枚は1文字のみの白紙だった ・「どういうお手紙書こうと思ったのかな」と尋ね、声を拾っていく ・わかりやすいものを選び、白紙の紙に文章を書く ・他の4枚も同様に絵をみて文章を考える作業を行う ・絵のカードと文字のカードが対でかるたができることを気づかせる
	導入で子どもが興味をもつと主活動が盛り上がります。 全体の動きをイメージした時、子どもの楽しむ顔が目に浮かぶようなものが考えられるといいですね。		
10:50	・各自、マーカー	●グループでかるたを作る ・当番がカードを取りに来る ・グループで絵や文章を考えて書く	●グループでかるたを作ることを促す ・1グループ5文字分考える ・グループの中でイメージしたことを出し合う姿を認めていく

時間	環境構成	予想される幼児の活動	保育者の援助
			・作業を分担して進めていくよう促す ・作業の中で文字を書いている姿を他児を誘って見守っていく ・できたカードを他グループにみせ、さらに楽しめるようにする ・食後に手作りかるたで大会をすることを伝える
11：40		●片付けをする ・いすをテーブルの下にしまう ・マーカーをしまう	●片付けを促しながらカードを黒板に掲示する ・成果がみえやすいように貼り出す
		●トイレに行く	●排泄後に忘れずに水を流すよう声をかける
		●手洗い、うがいをする	●うがい後の蛇口の向きを確認する ・蛇口を上向きのままにしている子には個別に声をかける
12：00		●給食準備をする ・テーブルを拭く（当番） ・カバンからコップを出す ・給食を配る（当番）	●台拭きを用意する ・台拭きを洗面器に浸し、当番が絞れるように準備する ・両手で配膳するよう促す
12：15		●給食を食べる ・当番に合わせ、いただきますのあいさつをする ・給食を食べる ・食後、うがいをする ・コップを片付ける ・静かに過ごす	・あいさつをはっきり言えているか見守り、場合によっては声をかける ・全体をみて回り、進み具合を確認していく ・食べ終えた子から片付けを促す ・コップをきちんと袋にしまってからカバンに入れているかみていく ・片付け終えた子は静かにおしゃべりして待つよう促す
12：45		・当番の声かけでごちそうさまのあいさつをする ●かるた大会の準備をする ・いすを片付ける ・テーブルを片付ける ・部屋を掃く（当番）	●部屋をきれいにする ＊異年齢児クラスは午睡が始まるので騒がしくならないよう声をかける

> 取り組んだものが飾られる嬉しさや食後のかるた大会への期待がもてるよう掲示しています。子どもの気持ちが上がる技を考えてみましょう。

> 1日に何度もある生活行動は、その都度ねらいをもって子どもの姿を見守りましょう。できていないのを見過ごしていた…なんて気づかされることもあります。

時間	環境構成	予想される幼児の活動	保育者の援助
13:00	シート	●かるた大会をする ・グループごとに座る ・順番を決める ・順にシートの上のかるたを取る	●かるた大会を一緒に行う ・読むのは実習生が行うことを伝える ・グループの代表1人が出る ・文字が得意ではない子もいるので教えるのは○ ・取れなくても友だちを責めずにグループで勝とうとする雰囲気づくりをする ・嬉しい気持ちや悔しい気持ちを受け止める ・続きのかるたを作りたい気持ちやまたかるた遊びをしたいという気持ちになるよう声をかける
		ほかに「でき上がっているカードのみ使用することを伝える」 「みんなで絵と文を確認してから始める」など。	
13:30		●トイレに行く ●布団を敷く ●紙芝居をみる 「怪物ハルタ」	●トイレに行くよう促す ・全員行くよう声をかけ確認する ●換気をし、布団を配る ・自分で布団を整える姿を認める ●紙芝居を読む
13:45		●あいさつをし布団に入る	●部屋を薄暗くする
14:45		●目覚める ・布団を整え片付ける ・トイレを済ませる	●採光をし、換気をする ・起きた子から布団を運ぶよう声かけをする
15:00		●おやつを食べる ・手洗いをする ・おやつを食べる ・片付ける ●荷物をまとめる 帰り支度をする	●おやつの援助をする ・当番に配膳の声かけをする ・食べる様子に体調の変化がみられないか確認する ●荷物の確認をする （連絡帳・タオル・コップ）
15:45		●帰りの会をする ・今日の出来事を振り返る(当番) ・当番交代をする ・明日の予定を聞く ・さようならの歌、あいさつ	●帰りの会を進める ・人前で自分の言葉で伝えていく姿を認め、わかりやすくまとめる ・明日の予定を伝え、楽しみにできるようにする
16:00	・朝と同じ	●園庭遊びをする	●一緒に遊ぶ
16:30		●片付ける	●片付けを促す ・一緒に片付けながら、整えて片付ける気持ちよさに共感する
		朝と同じ環境でも、重点的にみたいところを変えてみるといろいろな子と触れ合うことができます。	
17:00		●合同保育	・遅番に伝達、引き継ぎをする

指導案例

幼稚園実習指導案（5歳児）

指導実施日： 平成　　年　6月　15日（　）

5歳児あやめ組　男児17名、女児16名　計23名　　実習生氏名：〇〇〇〇

幼児の姿	・幼稚園での1日の生活の見通しをもち、自分たちのやりたい遊びに取り組むようになってきている。 ・友だちで誘い合って遊び始めるが、遊びのイメージの違いによってもめごとになることがある。意見を言わずに黙って抜ける姿もみられる。	ねらい・内容	●1日の見通しをもち、友達と一緒に生活を進める。 ●遊びの中で自分なりに工夫して楽しむ。 ・生活の見通しをもち活動に期待する。 ・友達同士でやり取りしながら生活を進める。 ・遊びのアイデアを出したり工夫したりする。
		主な活動	・紙皿ブーメランを作って遊ぶ。

時間	予想される幼児の活動	保育者の援助と留意点
8：50	（登園する） ●登園時の活動をする ・あいさつをする ・所持品の始末をする ・手拭きタオルを掛ける ・当番活動を行う	・朝は明るいあいさつで迎え、視診を行う ・登園時の活動は一人ひとりのペースを大切にし、よい1日のスタートがきれるように見守る ・会話しながら本日の1日の予定を思い出せるようにし、遊びの見通しがもてるようにする ・当番活動は、楽しみながらも責任をもってやり遂げられるように励ます（トマトの水やり、ウサギの餌やり・小屋の掃除）
	●好きな遊びをする ・ドッジボール　・虫取り ・ごっこ遊び　　・雲梯 ・竹登り　　　　・基地遊び ・大型積み木　　・製作 ・折り紙など	・昨日までの遊びを思い出しながら自分たちで好きな遊びが進められるように援助していく ・ドッジボールは、チーム分けがうまくいかない時には手助けをし、両方のチームが同じ位の人数になるようにする。ルールを守って楽しく遊べるよう常に留意して見守る ・虫取りは、虫眼鏡やカゴ・網などの教材を準備しておき、虫がいそうな場所に誘導したり、保育者が一緒に探索したりなどして楽しめるようにする ・ごっこ遊びでは、友だち関係に気を配り、やりたい役やイメージが実現できているか見守るようにする。遊びの中で工夫して楽しめるように促していく ・大型積み木を使う際の約束に留意して友だち同士が協力して遊べるように促していく（必ず友だちと運ぶ、回りで走らない） ・製作では、遊びに必要なものはなるべく自分で作れるよう製作コーナーに材料を出したり一緒にアイデアを考えたりする ・雲梯・竹登りなど、挑戦して楽しむ遊びは積極的に促し、頑張ったことに自信をもてるようにしていく
10：15	●片付ける	・自分たちで協力して片付けを行えるようにしていく。下の年齢の子たちの片付けも手伝うよう声をかけていく
	●うがい・排泄・手洗いをする ・保育者が設定した机のところにいすを持ってきて座る	・手洗いでは水の調節に気を付けるよう声をかけ、ちょうどよい水量がわかるようにしていく ・いすを持ってきて好きな場所に座るよう伝える

> 予想される遊びごとに援助のポイントを書いています。そのほかに戸外・室内に分けて書くこともあります。

第❸部　指導案とは

時間	予想される幼児の活動	保育者の援助と留意点
10：30	●先生の話を聞く	●全員が揃ったら、本日の予定を簡単に伝え、見通しがもてるようにする ・出席者をみんなで確認したり、当番を確認したりする。好きな歌などを歌い、集まりの時間を楽しく過ごせるようにする
	●「紙皿ブーメラン」を製作する ・製作の説明を聞く	●「紙皿ブーメラン」の説明をする 準備物：紙皿 40 枚 　　　　ハサミ・クレヨン（各自） 　　　　紙皿ブーメランの見本（3種類） ・見本をみせ、紙皿が回りながら弧を描いて飛ぶ様子を示し、興味を引き出すようにする ・ハサミを使うので注意点を確認する（人に向けない、刃先ではなく根元から真ん中あたりを使う、手の力を調節しながら切る） ・ハサミとクレヨンを持ってくるように言う ・材料を配る
	・ハサミとクレヨンを取りに行く ・製作する ・できたらハサミとクレヨンを片付ける	・切るところや、模様を付けるところなど個別に援助する ・できた子から用具といすを片付け、遊戯室に行って飛ばしてみることを伝える
11：15	・広い場所で飛ばしてみる	・遊戯室では、引いてあるラインから飛ばすように伝え、投げ方のコツが掴めるように援助する ・楽しく遊べるようにゆったり見守るようにする ・遊びの中の工夫を認めるようにし、満足感を味わえるようにする ・全員がある程度飛ばすことができたら片付けを促し、昼食にすることを伝える
11：30	●片付ける ●排泄・手洗いをする	
11：40	●昼食時の活動をする ・グループ毎に机といすを自分たちで用意する ・テーブルクロスを敷く	・昼食のグループごとに協力してテーブルクロスを敷くことを伝える ・排泄や手洗いを済ませた子から弁当を持ってきて着席する
	・当番がふきん、お茶のやかん、カップを各テーブルに配る ・各自で弁当を出してきて置き、いすを持ってくる	・当番に声をかけ、必要な仕事を思い出して自分でできるようにする
12：00	・「いただきます」をする ・会話しながら楽しく食べる	・全員が落ち着いて着席できたら、当番の声かけで「いただきます」をする ・紙皿ブーメランのことや弁当のことなどについて、保育者も一緒に会話を楽しみながら食事をする。食べ方のマナーや各自の食べ物の好き嫌いなどにも留意する

> 楽しく一緒に食べることが保育者の役割です。会話しながら個々の満足度を掴みましょう。

時間	予想される幼児の活動	保育者の援助と留意点
12:25	・「ごちそうさま」をする	・早く食べ終わった子は静かにその場で待つようにし、ほとんどの子が食べ終わったことを見計らって当番に「ごちそうさま」を促す ・なかなか食べ終われない子は、引き続き援助して食べ終われるように見守る
	●好きな遊びをする ・絵本 ・ごっこ遊び ・虫取り ・基地遊び ・ドロケイ ・大型積み木 ・リレー など	・一人ひとりのペースでのんびり遊べるように見守る。ドッジボールは食べてすぐには始めないよう伝える
13:10	●片付ける	・協力しながら片付けが進められるように声をかける。1日の最後の片付けなので一緒に遊具の数などを確認し、足りない時や見当たらない時には一緒に探すようにする
	●手洗い・うがい・排泄をする	
13:20	●歌遊び「猛獣狩り」をする ・説明を聞く ・楽しく行う	・全員が集まってから、歌遊び「猛獣狩り」をすることを伝える ・歌とルールの説明をする（保育者が言った動物の名前の文字数を数え、その人数の友だち同士で早く手をつないで座る） ・練習問題「カバ」「キリン」「ラッコ」「クロヒョウ」をやってみる ・だんだん長い名前（数が多くなる）にしたり、拗音（ようおん）を入れていくなど、考えながら楽しめるようにする ・手をつなぐ様子をよくみて、苦手な子を援助しながら行う
	・水分補給する	
	●絵本「のはらのおみせ」をみる	・いろいろな活動をしたので、ゆったりとくつろいだ気持ちになるように落ち着いた環境をつくり読むようにする
	●降園時の活動をする ・当番の交代をする ・本日あった出来事を話し合う ・明日の連絡を聞く ・身支度をする ・「さようなら」のあいさつをする （降園）	・当番の頑張ったところを聞き、みんなで一人ひとりをねぎらう ・今日の出来事の中から、保育者が取り上げたいことや幼児から出てきたことなどを話し合い、明日へつなげるようにしていく。みんなで話し合う大切さが伝わるようにする ・気持ちよく降園できるよう笑顔で送り出すようにする ・預かり保育の子は別室へ誘導し、名簿と共に担当保育者に引き継ぐ

指導案例　雨天時

時間	予想される幼児の活動	保育者の援助と留意点
	登園時は晴天時と同様だが、雨具の始末を丁寧に行うようにする	
9：00	●好きな遊びをする ・ごっこ遊び ・大型積み木 ・製作 ・折り紙 ・巧技台（遊戯室） ・マット（遊戯室）など	・雨の日は、体を動かせないと余計に落ち着きがなくなる子もいるので、なるべく遊戯室で体を動かせるようにしていく ・保育室では、ままごと、お店ごっこ、基地ごっこなど、いろいろなごっこ遊びができるよう、スペースを区切る衝立（ついたて）を多めに出す。いろいろな材料を使ってごっこ遊びが発展していくようにアイデアを引き出すようにする ・製作コーナーでは、空き箱や折り紙は事前に多めに出すようにして、多くの子が自分のイメージを楽しめるようにする ・巧技台は危険も多いので、目を離さないようほかの保育者とよく連絡を取り合うようにする ・自由な遊びの中では、他クラスとの行き来も出てくる。年少児が遊びに来た場合は、担任に言ってから来たか確認し、年少児の担任に伝えるようにする
10：10	●片付ける	・雨の日の方が片付けるものが多くなりがちなので、時間をよく考えて片付け時間を長めに取るようにする

> 雨の日には必ず1日のどこかで体を十分動かせるようにしましょう。年長児でも梅雨時には配慮が必要です。

6．部分実習、全日実習を振り返る

（1）保育を振り返る

　部分実習や全日実習の後は、必ず自分の保育を振り返ります。実際に保育をしてみると、「うまくいかないな」「よかった、できて嬉しい」などの思いが胸の中に湧き上がってきたと思います。自分がどのような思いで保育をしたのかということは、自分にしか語れないことです。その思いを言葉や文章にしてほかの保育者と共有したり、話し合いの材料にしたりしていくことが、次の保育をよくしていくために大切なことなのです。

　なお、「振り返り」という言葉を使っていますが、「反省」「（自己）評価」などという言葉を使う場合もあります。厳密には意味の違いがありますが、次の保育をよくしていくためのひとつのステップとしては同じです。

　振り返りは記憶が鮮明なうちに行う方がよいので、保育の後なるべく早く行えば言葉や文章にできることが多くなります。それでも「思い出せない」、「みていなかった」という点も出てきます。このように、言葉や文章にできることとできないことを自覚することも、大切な成果です。次回の自分の保育を見つめる視点を向上させることにもなります。

　まず、実習で行った以下の活動について振り返り、言葉や文章にしてみましょう。

①活動について

活動

　なぜその活動を選んだのでしょうか（活動選択の意図）、その活動は子どもたちにふさわしいものだったでしょうか。

準備

　その活動のためにどのような準備をしたでしょうか（教材研究）、準備は十分だったでしょうか、改善するところはあったでしょうか。

②子どもたちの姿について

興味・関心

　活動の際の子どもたちの様子はどうだったでしょうか。興味をもち、喜

んで取り組んでいたでしょうか。また、取り組みのよくない子はどのような様子だったでしょうか、原因が何かわかるでしょうか。

学べたこと・経験できたこと
取り組みがよかった子たちは、継続して楽しく経験できていたでしょうか。すぐに飽きてしまった子と、最後まで取り組んでいた子の経験は、どのように違ったでしょうか。保育者が意図した学びと実際の経験は合っていたでしょうか。

③保育者の援助について
一斉活動の時
活動中の保育者の援助はどうだったでしょうか。全体への言葉かけ、立ち位置や進め方、時間配分や個々への働きかけなどを振り返ってみましょう。

遊びの時
遊びの援助では、子どもたちのアイデアやイメージ、要望を把握することができたでしょうか。また、遊びが発展できるヒントを与えることができたでしょうか。一つひとつの遊びについて思い出してみましょう。

保育中、困ったことがいろいろあったと思います。担任保育者と同じような言葉かけをしたのに、子どもに伝わらなかったとか、子どもたちが毎日同じようにしている活動も、いざ自分がしてみると手順や段取りがわからなかったということもあったでしょう。「いつも先生はどうやっていたのかな？」と改めて思った人もいたと思います。このように、課題をみつけることが次回の指導の改善につながっていきます。

④環境構成について
準備した環境
指導案を考えた際に予定していた環境は、しっかり準備できていたでしょうか。準備が足りなかったり、忘れていたりしたことはなかったでしょうか。指導案をもとに振り返ってみましょう。

再構成する環境
部分指導や全日指導の間、保育室などの環境は何度か変える必要があったと思います。登園時はのびのび遊びだせるように、保育室を広々とさせておいたり、みんなで絵本をみる時に気が散らないように窓を閉めるなど、保育をしていると何らかの環境を変化させる必要が出てきます。子どもたちは、毎日ひとつの保育室で遊び、食事をし、話し合いを行うなど多様な

活動をしていますので、その活動の目的に合った環境を、臨機応変に再構成するのが保育者の役割です。

環境構成については、その意図、構成した実際の環境の効果、その後の子どもたちの動きなど、振り返るポイントがたくさんありますが、実習生のうちはなかなか気付かないことが多いのも事実です。指導者の先生方に指摘していただくことも多いでしょう。

⑤ねらいについて

ねらいを達成できたか

実習生が立てたねらいを、子どもたちは達成できたのかを考えてみます。子どもたち一人ひとりの名前と共に振り返ってみましょう。ねらいを達成できなかった子は、なぜできなかったのでしょうか。

ねらいは適切だったか

そのねらいは、そのクラスにふさわしいものだったでしょうか。子どもたちは一人ひとり違いますが、日常の園生活での活動のねらいは一人ひとりに対してではなく、クラス単位で設定しています。保育の中で大切なのは、むやみに高いねらいを立てて子どもたちを引っ張っていくことではなく、みんなが無理なく達成できるねらいを日々繰り返し、子どもたちがスモールステップで自信をもって自然に成長していくことです。

ねらいを振り返る時も、常にそのクラスの子どもたちを主体にして考え、ふさわしいねらいをみつけていけるとよいでしょう。

(2) 明日の保育へつなげる

保育の営みはPDCAサイクルに沿って進んでいきます。実習生による指導もこのサイクルの中に含まれています。指導案を作成し（plan）、保育実践をし（do）、その後振り返り、反省・評価したこと（check）は、次の保育に生かしていく（action）ようにします。

①反省会を生かす

実習生の指導の後、その日のうちに反省会をもっていただけることがあります。反省会ではまず、これまで出てきたような視点に基づいて、その日の指導の反省・評価を自分で述べていけるとよいでしょう。反省会は、指導を受け持った実習生の経験や思いをもとに、担任保育者自身も保育に

ついて考察する機会になっています。できたこと、できなかったこと、という単純な視点ばかりでなく、「ここが難しかった」「どのやり方を選択したらよかったのか」など、話題が広がるようにしたいものです。

そのような反省会の中で、そのクラスに合ったよりよい保育の方法や、実習生自身に合った保育がみつかっていきます。担任保育者などに助言を受けたことは真摯に受け止め、次の日から生かせるようにしましょう。

②今後の観察のポイントをつかむ

実習生には、毎日繰り返し指導の機会があるとは限りません。次の指導までに、まずは自分ができなかったことについて、担任保育者はどのように指導をしているのかよく観察してみましょう。また同じように、一人ひとりの子どもについても、これまでよりも気をつけて観察していきましょう。「〇〇ちゃんは、手洗いにこんなに時間をかけるのか」「△△ちゃんは意外に友達の様子をよくみている」など、今までとは違う気づきが得られるはずです。

保育観察は、自分が実際に保育をする立場になって、初めて本当の観察ができるようになります。自分の保育と、担任保育者の保育を比べることで初めて、さりげない言葉かけが実は深い意図をもった援助だったことがわかる、といったことがあります。実習生が担任保育者のように実践できるようになるには、これまでよりも注意深く観察することがポイントです。

③再び立案する

観察のポイントがつかめてきたら、次は指導案を改善していきましょう。そのクラスに合った援助はどのようなものなのか、何をねらいにしてどのような活動をしたらよいのか、再考して書いてみましょう。前回の指導案を担任保育者が修正してくださっている場合は、その指導案を参考にします。

そして、実践してみましょう。前回うまくいかなかったことは、ぜひ再び挑戦してみるべきです。頑張っていることは子どもたちに伝わります。また、実習開始から時間が経つほど、子どもたちが実習生に慣れ、実習生の意図が伝わりやすくなっていくものです。子どもたちの大切な時間をいただいているのですから、毎回工夫したり挑戦したりして、少しずつステップアップしていきましょう。

第4部
実習を振り返る

1．なぜ実習を「振り返る」のか

　実習期間中の皆さんは、実習園の園長先生や配属クラスの担任の先生などによる指導や助言、毎日の保育記録による振り返りや考察などを積み重ねてきました。

　おそらく皆さんは、先生方からご指導・ご助言をいただいたことは翌日には改善するようにしていたことでしょう。ときには「なぜ、そうしたほうがいいのか（あるいは、そうしなければならないのか）」を考える間もなく、言われるままに改善することもあったかもしれません。実習中の毎日は日誌、指導案、教材の準備、環境の構成など、普段の学生生活とは比べ物にならないくらいに忙しく、ご指導くださる先生方もまた、普段の仕事に加えての実習生の指導になりますので同様に忙しく、なかなかゆっくり話をする時間も持てない……という場合もあります。そのような状況の中では、一つひとつの疑問をその場その場で解消することが難しいこともあり得ます。

　毎日決められた時間内で書き上げなければならない実習日誌もまた、同様です。記録を取りながら振り返り、考察し、翌日以降の実習の計画や実践に役立てていくというサイクル（PDCAサイクル）を日々行っているわけですが、何しろ提出期限が決められているものばかりですから、毎日書くことに追われてしまい、じっくり考えることが難しかったことでしょう。

　忙しくも充実した実習の毎日を、実習後にしっかり振り返りましょう。実習の一日一日の小さなまとまりを、実習全体の大きなまとまりとして捉え直し、自身の成長や課題を確認し今後につなげていきましょう。

2．実習に区切りをつける

（1）実習記録をまとめる

　「総合考察」や「実習のまとめ」（名称は各養成校によって異なりますが、実習全体を振り返っての考察）は実習の最後のまとめです。実習期間を通じて学んだこと、感じたこと、気づいたこと、成長したと感じたこと、課題であると感じていることなどを記入します。実習期間中に書いてきた日々の記録の記述を振り返りながら、文章を構成していきましょう。

　第2部でも書きましたが日々の記録と同様で「嬉しかった」「楽しかった」などの感想に終始するのではなく、保育者としての自分をしっかりと見つめ、課題となる点を明確に示すように努力しましょう。

　実習日誌は実習期間中のすべての記録を整え、「総合考察」も併せて実習最終日から3日〜1週間以内には実習園に提出します。その際、返却していただく日時（受け取りに伺う日時）について担当の先生と打ち合わせをしておきましょう。実習日誌の提出後2週間以内など、養成校によって期日は様々ですので、学校の指示に従って依頼するようにします。

（2）実習園にお礼状を出す

　実習が終了したら、実習園の先生方にお礼状を出しましょう。あなた自身が実習を通じてどう変化、成長したのかを、感謝の気持ちと共に伝えましょう。

　実習生とはいえ保育者として実践経験をしてきた皆さんは、社会人としてのマナーをしっかり理解した上で、手紙を書くようにしましょう。

園にお礼状を出す際の基本的な事項
- 実習終了後1〜2週間以内に実習園に届くように出す。
- 白無地の便せん、封筒を用いる。縦書きが好ましい。

- 黒の万年筆かペンを用いる。
- 誤字や脱字に注意する。丁寧な文字で書く。
- 手紙の構成
  ○ 前文（頭語：拝啓など、時候の挨拶）
  ○ 本文（園に対する感謝の気持ち、あなた自身が学んだことや成長を感じたことなど具体的なエピソードをまじえて書く）
  ○ 末文（結びの言葉、結語：敬具など）
  ○ 後付（日付、署名、あて名）

　お世話になった先生方に手紙を書くということは社会人としてのマナーでもありますが、実習を振り返り、相手に伝えたいことの要点をまとめて文章にするということは皆さんにとっても貴重な経験となるはずです。受け取った人が気持ちよく、嬉しくなるような手紙を書くように心がけましょう。

3. 実習を振り返る

（1）実習を振り返る

　実習に関するすべての事務手続きなどを終えることができたら、ほっと一息ですね。次は実習についてじっくりと振り返っていきましょう。

　実習に行く前には不安や期待など、様々な思いをもっていたことと思いますが、実際に実習を終え、様々な経験をした後、皆さんはどんな気持ちでいるのでしょうか。実習後の今の自分と向き合い、自分自身の成長や課題について、整理していきましょう。

　実習を振り返るポイント
- 実習前に立てた実習課題と達成度
- 実習を通して印象に残っていること
- 実習園の先生方からいただいたアドバイス
- 実習中、子どもとの関わりの中で嬉しかったこと
- 実習中、子どもとの関わりの中で困ったこと
- 実習を通しての自分自身の変化、成長
- 今後の課題

　図表4-1は実習振り返りシートの一例です。自由記述形式のシートになっています。このようなシートをもとに実習を振り返る際には、具体的なエピソードや経験をまじえながら書くようにしましょう。具体的な記述があれば、次の実習の前などに改めてシートを読み返した時、貴重な実習での経験がいつまでもその時の感情と共に思い出すことができるようになるからです。

図表 4-1　実習振り返りシートの例

実習振り返りシート

1．実習前に設定した「実習のねらい」について評価しましょう

実習前に設定したねらい	できた　　できなかった	評価の理由
1	4　3　2　1	
2	4　3　2　1	
3	4　3　2　1	

2．実習を通して学んだ点、自信となった点

3．子どもとの関わりで楽しかったこと、うれしかったこと

4．子どもとの関わりで困ったこと

5．見習いたいと感じた保育者の姿

（2）「個々の実習体験」をグループで共有する

前述のポイントで一人ひとりが自分自身の実習を振り返ることができたら、次に数名、あるいはクラス全体でその思いや経験を共有しましょう。

実習園が変われば園での生活も指導の方法も異なり、また実習生が変われば感じることも考えることも大きく異なるものです。実習生の皆さんは自分の実習園の様子しか知ることができません。ほかの実習生は何をみて、何をして、何を感じて、何を考えてきたのか、それを伝え合うことで、ほかの実習生の経験を自分の経験に置き換え、自分だったらどうするかな……などと想像しながら疑似体験していくのです。実習生同士がお互いの学びを伝え合い、相互に学び合うことこそが、集団での実習教育の大きなメリットではないかと考えます。

（3）実習について、全体で共有する

実習を終えた学生が、「実習報告会」という形で実習園の紹介をしたり、責任実習で実践したことを披露したりする養成校もあります。小グループでの話し合いとは違い、よりフォーマルな形式の発表になります。限られた時間の中で必要な情報をわかりやすく伝えること、相手の知りたい情報を整理して伝えることなどを意識できるとよいでしょう。

あるいは「実習報告集」という形で、実習での学びを文章で表し、まとめる学校もあります。

いずれにせよ、自分のものをまとめて終わりにするのではなく、ほかの学生の話に耳を傾け、文章に目を通し、そこから新たに気付きを得ることが大切です。

また、これから実習を控えている下級生に学んだことや実際に実践したこと、失敗したことなどの一部を伝えることができれば、下級生にとっても大変貴重な機会となるでしょう。

4．実習を評価する

（1）実習先による評価

　皆さんの実習は様々に評価されます。実習幼稚園・保育所による評価、実習生自身による自己評価、提出物などに対して行われる養成校の教員による評価などです。

　幼稚園・保育所による評価は、実習の期間中も常に行われています。実習期間中は必要に応じて指導を受けてきたと思います。改善点であったり、よい点であったりをその都度指摘されてきたのではないでしょうか。実習期間中の指導はすべて、先生方による実習生の評価（よくできている、課題がある、もっとよくなるなど）によって行われているものなのです。

　そして、実習の全期間についての評価は、養成校から実習先に送付される「実習評価票」によって行われます。図表4-2は実習評価票の一例です。学校によって書式は様々ですが、おおむね以下のような観点で構成されています。

実習生としての意欲・態度とマナー
　　実習に対する意欲・積極性
　　実習における責任感
　　挨拶や言葉遣い、身だしなみ
実習生としての知識と技能
　　子どもの発達の理解や実態把握
　　子どもとの関わり
　　保育技術の習得
　　保育内容の工夫
　　記録簿等の記載

　以上のような観点から構成された項目による「項目別評価」と、総合的に評価する「総合評価」の欄があるのが一般的な評価票です。

図表 4-2　実習評価票の例

実習評価票

〇〇大学

学籍番号		実習生氏名	
実習園名		園長名	指導教諭名
		印	印

実習期間	平成　年　月　日　～　平成　年　月　日（合計　　日）					
勤務状況	出勤　日	欠勤　日	遅刻　日	早退　日	備考

評価内容		評価		
		優れている	適切である	努力を要する
実習生としての態度	①実習の目的や課題の自覚			
	②意欲・積極性			
	③探究心			
	④協調性			
	⑤保育者としてのマナー			
知識・技能	①子どもの発達の理解			
	②子どもとの関わり			
	③保育技術の展開			
	④指導計画や実習記録の作成			
	⑤助言の受け入れと活用			

総合所見	総合評価（該当するものに〇）
	A：非常に優れている
	B：優れている
	C：適切である
	D：努力を要する
	E：成果が認められない

第4部　実習を振り返る

実習先からの評価は、あなたが思うような評価ではない可能性があります。思った以上に評価してもらえていたり、逆に思っていたよりも低い評価をされたり、ということがあるでしょう。多くの実習生を受け入れ、評価してきた実習先による評価ですから、思うような評価でなかった場合でも、まずは謙虚に、そして冷静に評価を受けとめましょう。

　実習先から得る評価は第三者からの客観的評価です。自分ではなかなか気づくことのできないあなたの「よさ」や「課題」を示してくれるでしょう。よさをあなた自身の強みとし、課題は一つ一つクリアにしていくことで、自分自身の成長につなげましょう。

（2）自己評価

　さて、実習先からの評価は他者による客観的な評価ですが、それに対して自分自身を評価する「自己評価」も、同時に行いましょう

　保育には、常に「自己評価」が必要です。保育者としての子どもへの言葉のかけ方、活動の展開の仕方、環境の構成、子ども同士の関わりへの援助の方法……常に自分の保育について振り返り、翌日以降の保育に役立てていくというその営みが、保育者の質の向上、保育の質の向上につながっていきます。保育者には周囲だけでなく、自己を捉える目が必要なのです。

　図表4-3、4-4は自己評価票の一例です。実習園の評価票と同じような観点で評価できるようになっています。それ以外にも、自分自身の成長や変化を感じていること、今後の課題とその対応など、自由に記述できる欄があります。

　自己評価は謙虚すぎず、あるいは自信過剰になりすぎず正直に行いましょう。そして実習園の評価票と照らし合わせて検討しましょう。自分自身の評価と実習園の評価に開きがある項目に着目し、なぜそのようなギャップが生じたのかを冷静に分析しましょう。それはもしかすると辛い作業になるかもしれません。しかしこれから先に出会う子どもたちの、短くも重要な乳幼児期の保育を担うのだ、という意識のもと、改善できる点はしっかり改善し、プロの保育者として現場に立てるように、今できることを精いっぱい頑張りましょう。

図表 4-3　自己評価票の例

自己評価票

評価内容		自己評価（コメント）
実習態度	①意欲・積極性	
	②責任感	
	③探究心	
	④協調性	
知識・技能	①施設の理解	
	②1日の流れの理解	
	③乳幼児の発達の理解	
	④保育計画などの理解	
	⑤保育技術の習得	
	⑥チームワークの理解	
	⑦家庭・地域との連携	
	⑧子どもとの関わり	
	⑨保育士の職業倫理	
	⑩健康・安全への配慮	

1．実習施設から指摘された課題にはどのようなものがありましたか。また、なぜそのような課題が提示されたのかを考察しましょう。

①
②
③

2．現時点で自分自身が考える課題は何ですか。重要な順に3つあげ、理由も書きましょう。

課題	理由
①	
②	
③	

第4部　実習を振り返る

3．2であげた3つの課題について、どのように克服・改善していこうと考えますか。できるだけ具体的に書きましょう。

課題	方法
①	
②	
③	

図表4-4　自己評価票の例

自己評価票

学籍番号		氏名	
実習園名			

評価内容		評価		
		優れている	適切である	努力を要する
実習生としての態度	①実習の目的や課題の自覚			
	②意欲・積極性			
	③探究心			
	④協調性			
	⑤保育者としてのマナー			
知識・技能	①子どもの発達の理解			
	②子どもとの関わり			
	③保育技術の展開			
	④指導計画や実習記録の作成			
	⑤助言の受け入れと活用			

評価の理由

今後の課題とその対応

5．次の実習、その先の就職に向けて……
　「保育者」としての自分を見つめる

（1）「保育者」として勤務する自分をイメージする

　実習を終え、あなたの保育職へ就職を希望する気持ちはどうなりましたか？　ますます保育への気持ちが強くなりましたか？　保育者として働く自信がもてない……そのような気持ちの人もいるかもしれません。

　実習の中で、楽しいと感じたことがありましたか？　実習の中で、ほめられたことはありましたか？　まずはその場面を思い出してみてください。得意なこと、自信がもてることを自覚し、しっかり伸ばしていきましょう。

　逆に、失敗したと感じたことや苦手だと感じたことがありましたか？　実習中に注意や指摘を受けることが多かったことは何だったでしょうか。具体的にあげていきましょう。

　自信がもてないことや苦手なことは、少しずつ減らしていきましょう。克服するために何をすればいいのかを考え、努力するその過程もまた、自分に自信を与えてくれるはずです。

　本当に自分は保育者になりたいのか、保育者になって何をしたいのか、と改めて自分自身に問い直し、決意を新たに今後の学習に取り組みましょう。

（2）「子ども」を学ぶ

　講義の中で教員が語る「子ども」や教科書で目にする「子ども」が、実習後には自分が出会った様々な子どもたちの姿と重なり、授業の内容を具体的なイメージをもって聞くことができるようになるでしょう。

　ひとことで「子ども」と言っても、子どもの育ち、子どもの遊び、子どもの人間関係、様々な視点から捉える「子ども」があり、保育者にはその多角的な視点が求められています。様々な視点から「子ども」について整理していきましょう。

　その中で、「あんな子がいたな」「こんなことがあったな」と思いだすことがあれば、個人情報の取り扱いに注意した上で、ぜひ周りの友人などに話し、共有してみてください。「面白かった」「かわいかった」「困った」「感

動した」なんでも構わないのです。自由に語る中で整理されていく思いがあるはずです。それに対する周囲の人の感想や共感、反論などを耳にすることも、様々な考え方を知る上で有効でしょう。

実習後には、「この講義が保育にどのように役立つか？」と意識しながら講義を受けるようになった、という声をよく聞きます。ぜひ豊かにイメージしながら、講義を受けてください。

また、直接子どもに関わることができるボランティアやアルバイトなどにも積極的に挑戦していきましょう。

(3) 不足している知識や技術を身につける

実習中に子どもから思わぬ質問を受けたことはありませんか？ 答えたものの理解してもらえなかったり、うまく答えられずにごまかしてしまったりということはありませんでしたか？

子どもとの関わりの中では、様々な知識が必要です。もちろん、なんでも知っている必要はありません。ただ、子どもと同じようにいろいろなことに興味・関心をもち、わからないことは調べ、正しい知識を得ることが必要でしょう。

また、ちょっとした時間にできる手遊びや手品など「これができるようになればいいな」と感じたこともあったかもしれません。

さらに保育者は子どもとだけ関わっていればいいというものでもありません。実習生という立場では保護者の方々との接点はなかなかもてなかったかもしれませんが、プロの保育者ともなると、子どもの保育に関する保護者への働きかけも必要になってきます。そういった（対大人の）対人関係についての知識や技術も必要でしょう。

保育者として社会に出る前に、そういった知識、技術を身につけておくといいでしょう。

また、幼稚園教育要領や保育所保育指針にいま一度しっかり目を通しておきましょう。実習の中でたくさんの子どもと接した後だからこそ、理解できる部分もきっと多いのではないかと思います。

（4）自分自身の生活態度を見つめる

　学校での生活と違い、保育の毎日は大変体力を使うものであったと思います。子どもと共に過ごす時間だけでなく、子どもを受け入れる前や降園後の環境整備、行事の準備や教材の準備、日誌や指導案の作成など、休む間もなかったことでしょう。

　しかし保育者となれば、それが日常のことになるのです。今のうちから健康的な生活を心がけ、体力の増進に努めましょう。「健康管理も仕事のうち」これは、私自身が保育者として勤務していた時、ご指導いただいた言葉です。自分自身の体の状態に関心をもち、体調が崩れそうな時は無理をせず、早めに病院を受診するようにしましょう。どのような時に体調が崩れやすいのかなど、把握しておけるとよいでしょう。

　また、家庭の中では自室の清掃や家族の食事の準備など、できることをやるようにしましょう。清潔な空間を気持ちよいと感じたり、食事への関心を高めたりすることは保育でも大変役に立つことでしょう。

監修者

松本 峰雄　まつもと みねお

元千葉敬愛短期大学 現代子ども学科 教授

東洋大学大学院社会学研究科修士課程、修了（社会学修士）
千葉明徳短期大学講師、育英短期大学教授を経て千葉敬愛短期大学教授、全国保母養成協議会（現・全国保育士養成協議会）専門員、事務局長を歴任。主な著書『子どもの福祉』（編著、建帛社）、『現代社会と社会学』（共著、誠信書房）、『保育者のための子ども家庭福祉』（単著、萌文書林）など。

執筆者（執筆分担、五十音順）

浅川 繭子　あさかわ まゆこ（第3部1・2・3）

千葉経済大学短期大学部 こども学科 准教授

幼稚園教諭を経て千葉大学大学院教育学研究科学校教育専攻幼児教育分野修了（教育学修士）。平成20年より植草学園短期大学、平成28年より千葉経済大学短期大学部に勤務。平成31年度より現職。主な著書『よくわかる！保育士エクササイズ⑥保育の計画と評価演習ブック』（共著、ミネルヴァ書房）、『実践で語る幼稚園教諭への道』（共著、大学図書出版）。

鍛治 礼子　かじ れいこ（第3部4・5・6）

学校法人日出学園 日出学園幼稚園 園長

広島大学大学院教育学研究科博士課程前期幼児学専攻修了、修士（教育学）、千葉大学教育学部附属幼稚園に教諭として勤務、平成17年に川崎医療短期大学医療保育科講師、平成20年より東京純心女子大学こども文化学科准教授を務め、平成27年より再び幼稚園教育の現場へ。

才郷 眞弓　さいごう まゆみ（第3部4・5）

グローバルステップアカデミーインターナショナルスクール立川校 施設長

千葉大学教育学部幼稚園教員養成課程、卒業。野田市立野田幼稚園、社会福祉法人立野みどり福祉会立野みどり保育園園長を経て現職。

田中 幸　たなか みゆき（第2部、第4部）

千葉大学教育学部附属幼稚園 教諭

大学卒業後、公立幼稚園教諭として勤務。千葉大学大学院教育学研究科学校教育専攻幼児教育分野修了（教育学修士）後、千葉敬愛短期大学専任講師を経て現職。主な著書『保育内容音楽表現』（共著、マザーアース）。

堀 科　ほり しな（第1部、第3部4・5）

東京家政大学 家政学部 児童学科 准教授

大妻女子大学大学院博士後期課程単位取得退学（家政学修士）。宇都宮短期大学専任講師、川口短期大学准教授を経て現職。主な著書『保育者のたまごのための発達心理学』（共著、北樹出版）、『新訂　幼稚園・保育所・児童福祉施設等実習ガイド―知りたいときにすぐわかる』（共著、同文書院）、『素敵な保育者になるために』（共著、大学図書出版）他。

流れがわかる 幼稚園・保育所実習
～発達年齢、季節や場所に合った指導案を考えよう～

2015年4月21日　初版第1刷発行
2021年3月16日　第2版第1刷発行
Ⓒ監 修 者　松本峰雄
　著　　者　浅川繭子、鍛治礼子、才郷眞弓、田中幸、堀　科
　発 行 者　服部直人
　発 行 所　株式会社萌文書林
　　　　　　〒113-0021　東京都文京区本駒込6-25-6
　　　　　　Tel：03-3943-0576　Fax：03-3943-0567
　　　　　　URL：http://www.houbun.com　E-mail：info@houbun.com
印刷・製本　シナノ印刷株式会社
乱丁・落丁本はお取替えいたします。
定価はカバーに表示してあります。
本書の内容の一部または全部を無断で複写・複製・転記・転載することは、著作権法上での例外を除き、禁止されています。
ISBN 978-4-89347-217-5

●ブックデザイン　大村はるき　●イラスト　西田ヒロコ